Franzen/Wallenfels/Russ
Preisbindungsgesetz

Preisbindungsgesetz

Die Preisbindung des Buchhandels

Begründet von

Dr. iur. habil. Hans Franzen
Rechtsanwalt und Notar a.D., Wiesbaden

als Kommentar ab der 4. Auflage
fortgeführt von

Dieter Wallenfels
Rechtsanwalt und Notar, Wiesbaden

Dr. iur. Christian Russ
Rechtsanwalt, Wiesbaden

4., völlig neu bearbeitete Auflage

Verlag C.H.Beck München 2002

Verlag C. H. Beck im Internet:
beck.de

ISBN 3 406 49588 5

Wilhelmstraße 9, 80801 München
Satz und Druck: Druckerei C. H. Beck, Nördlingen
(Adresse wie Verlag)

Gedruckt auf säurefreiem, alterungsbeständigem Papier
(hergestellt aus chlorfrei gebleichtem Zellstoff)

Vorwort

Der Deutsche Bundestag hat in seiner Sitzung am 14. Juni 2002 einstimmig das Gesetz über die Preisbindung für Bücher beschlossen. Damit beginnt ein neuer Abschnitt in der mittlerweile 115 Jahre währenden Geschichte der Preisbindung für Verlagserzeugnisse in Deutschland. Bisher haben Verleger und Buchhändler die Preisbindung selbst geregelt: Zuerst in der Verkehrs- und Verkaufsordnung des Börsenvereins, später in Preisbindungsverträgen, seit 1966 durch den Sammelrevers. Mit der Bildung des Europäischen Wirtschaftsraums sahen die Buchhändler in Deutschland, Österreich und der Schweiz die Chance, die im deutschsprachigen Raum traditionell etablierte Preisbindung in einem für alle drei Länder geltenden Sammelreverssystem zu regeln.

Da nunmehr europäisches Wettbewerbsrecht zu beachten war, bemühten sich die Buchhändler in den drei Ländern um eine Freistellung des zwischen Deutschland und Österreich grenzüberschreitend wirkenden Preisbindungssystems bei der EU-Kommission. Es kam zu einem 10 Jahre währenden heftigen Streit mit der Kommission, die zunächst in Aussicht gestellt hatte, die beantragte Freistellung zu erteilen, später hiervon aber wieder abrückte und damit drohte, das Sammelrevers-System zu verbieten.

Der „Sammelrevers 2000“ sah nur noch eine nationale Preisbindung vor. Dennoch aber zeigten sich sehr rasch unterschiedliche Auffassungen zwischen den preisbindenden Verlagen und der EU-Kommission in der Frage, welche Reimporte den Zweck der Umgehung der nationalen Preisbindung hatten und deshalb nach der Rechtsprechung des Europäischen Gerichtshofes einer nationalen Preisbindung unterlägen. Auch das schließlich mit Schreiben der Kommission vom 17. April 2002 erteilte Negativattest für den Sammelrevers konnte die Befürchtung nicht ausräumen, dass damit eine dauerhafte Sicherstellung des von allen Sparten des Buchhandels gewünschten Fortbestandes der Preisbindung gewährleistet würde.

Aus diesem Grunde entschloss sich der Gesetzgeber, die Preisbindung nach dem Muster fast aller anderen EU-Mitgliedsstaaten gesetzlich zu regeln. Erfreulicherweise ist es gelungen, im Gesetz wesentliche Inhalte der bisherigen Preisbindung zu erhalten. Es war dem Buchhandel wichtig, nicht nur eine formale Verpflichtung zu regeln, die Preise zu binden und sie einzuhalten, sondern auch inhaltliche Schwerpunkte zu setzen: So die Interessenwahrung des Sortiments bei der Konditionengestaltung, die Unzulässigkeit der Diskriminierung kleinerer Firmen zugunsten größerer, die Wahrung der für den Markt erforderlichen Flexibilität der Preisbindung durch eine begrenzte Zahl von Sonderpreisen und erlaubten Preisnachlässen, auch durch Ausnahmen von der Preisbindung, z. B. für Autoren und Buchhandelskollegen. Besonders wichtig war auch die Interessenbalance zwischen lizenzgebenden Verlagen und Lizenznehmern, z. B. Buchclubs, einerseits und dem Sortiment andererseits in der besonders heiklen Frage der Parallelausgaben. Dies war auch deshalb unerlässlich, weil es künftig keine Missbrauchsaufsicht des Bundeskartellamts nach § 15 Abs. 3 GWB für die Buchpreisbindung mehr geben wird.

Es ist nun Sache des Buchhandels, dafür Sorge zu tragen, dass das in Deutschland bewährte System der Buchpreisbindung auch unter der gesetzlichen Regelung effektiv durchgesetzt und nicht durch immer neue Verkaufsaktionen am Rande des Erlaubten ausgehöhlt wird.

Das vorliegende Buch ist ein Kommentar von Praktikern für Praktiker. Es soll nicht nur den mit der Materie befassten Juristen dienen, sondern insbesondere die Buchhändler und Verleger informieren. Rechtsprechung und Literatur zum neuen Gesetz gibt es noch nicht. Beim Zitieren haben wir uns an den Bedürfnissen der Praxis orientiert und uns auf die Rechtsprechung sowie die gängige Kommentarliteratur konzentriert.

Vorwort

Das Buch ist die Fortschreibung der Franzen-Fibel, der in drei Auflagen erschienenen „Preisbindung des Buchhandels“. Auch wenn weite Teile des Kommentars naturgemäß neu geschrieben werden mussten, haben w ir doch in großem Umfang Franzen zitiert und ganze Passagen übernommen. Das Werk von Franzen scheint überall durch, man kann den Kommentar auch als 4. Auflage der Fibel verstehen.

Wiesbaden, im August 2002 Die Verfasser

Inhaltsverzeichnis

2. Gesetz gegen Wettbewerbsbeschränkungen (§ 15 GWB n. F.)

3. Anhang

Abkürzungsverzeichnis

a.A.	anderer Ansicht
ABl.	Amtsblatt
Abs.	Absatz
a.F.	alte Fassung
AfP	Archiv für Presserecht (Zeitschrift)
AG	Aktiengesellschaft
Alt.	Alternative
Anm.	Anmerkung
Art.	Artikel
Aufl.	Auflage
BAnz.	Bundesanzeiger
BGBl.	Bundesgesetzblatt
BGB	Bürgerliches Gesetzbuch
BGH	Bundesgerichtshof
BGHZ	Entscheidungssammlung des Bundesgerichtshofes in Zivilsachen
BKartA	Bundeskartellamt
BKartATB	Tätigkeitsbericht des Bundeskartellamts
Börsenblatt	Börsenblatt für den Deutschen Buchhandel
Börsenverein	Börsenverein des Deutschen Buchhandels e.V.
BReg.	Bundesregierung
BT-Drucks.	Bundestags-Drucksache
BuchPrG	Buchpreisbindungsgesetz
BVerfG	Bundesverfassungsgericht
BVerfGE	Entscheidungssammlung des Bundesverfassungsgerichts
CD-ROM	Compact Disc Read Only Memory
DDR	Deutsche Demokratische Republik
d.h.	das heißt
Dok.	Dokument
EFTA	European Free Trade Association
EG	Europäische Gemeinschaften
EU	Europäische Union
EuGH	Europäischer Gerichtshof

EUR	Euro
EWR	Europäischer Wirtschaftsraum
ff.	folgende(r)
GemK	Gemeinschaftskommentar zum GWB, 4. Aufl.
GG	Grundgesetz
grds.	grundsätzlich
GRUR	Gewerblicher Rechtsschutz und Urheberrecht (Zeitschrift)
GWB	Gesetz gegen Wettbewerbsbeschränkungen
h.M.	herrschende Meinung
IM	Immenga/Mestmäcker, Kommentar zum GWB, 3. Aufl. 2001
i.S.d.	im Sinne des
i.V.m.	in Verbindung mit
KG	Kammergericht
lit.	litera
LB	Langen/Bunte, Kommentar zum GWB, 9. Aufl. 2001
LG	Landgericht
Mio.	Millionen
m. w. N.	mit weiteren Nachweisen
n. F.	neue Fassung
Nr.	Nummer
NJW	Neue Juristische Wochenschrift
NJW-E-WettbR .	Neue Juristische Wochenschrift Entscheidungsdienst Wettbewerbsrecht
NJW-RR	Neue Juristische Wochenschrift, Rechtsprechungs-Report
OLG	Oberlandesgericht
ÖstBuchPrG	Österreichisches Buchpreisbindungsgesetz
RG	Reichsgericht
Rn.	Randnummer

S.	Seite
s.	siehe
Sammelrevers	Sammelrevers für den Verkauf preisgebundener Verlagserzeugnisse in Deutschland
SBVV	Schweizerischer Buchhändler- und Verlegerverband
Sec.	Section
sFr	Schweizer Franken
Slg.	Sammlung
sog.	sogenannte(r)
UKlaG	Unterlassungsklagegesetz
USA	United States of America
UWG	Gesetz gegen den unlauteren Wettbewerb
vgl.	vergleiche
VO	Verordnung
VOPR	Verordnung über Preise für öffentliche Aufträge
VVO	Verkehrs- und Verkaufsordnung des Deutschen Buchhandels
WRP	Wettbewerb in Recht und Praxis (Zeitschrift)
WuW	Wirtschaft und Wettbewerb (Zeitschrift)
WuW/E	Wirtschaft und Wettbewerb, Entscheidungssammlung
Ziff.	Ziffer
ZUM	Zeitschrift für Urheber- und Medienrecht

Gesetz über die Preisbindung für Bücher (Buchpreisbindungsgesetz – BuchPrG)

§ 1 Zweck des Gesetzes

Das Gesetz dient dem Schutz des Kulturgutes Buch. Die Festsetzung verbindlicher Preise beim Verkauf an Letztabnehmer sichert den Erhalt eines breiten Buchangebots. Das Gesetz gewährleistet zugleich, dass dieses Angebot für eine breite Öffentlichkeit zugänglich ist, indem es die Existenz einer großen Zahl von Verkaufsstellen fördert.

§ 2 Anwendungsbereich

(1) Bücher im Sinne dieses Gesetzes sind auch

1. Musiknoten,
2. kartographische Produkte,
3. Produkte, die Bücher, Musiknoten oder kartographische Produkte reproduzieren oder substituieren und bei Würdigung der Gesamtumstände als überwiegend verlags- oder buchhandelstypisch anzusehen sind sowie
4. kombinierte Objekte, bei denen eines der genannten Erzeugnisse die Hauptsache bildet.

(2) Fremdsprachige Bücher fallen nur dann unter dieses Gesetz, wenn sie überwiegend für den Absatz in Deutschland bestimmt sind.

(3) Letztabnehmer im Sinne dieses Gesetzes ist, wer Bücher zu anderen Zwecken als dem Weiterverkauf erwirbt.

§ 3 Preisbindung

Wer gewerbs- oder geschäftsmäßig Bücher an Letztabnehmer verkauft, muss den nach § 5 festgesetzten Preis einhalten. Dies gilt nicht für den Verkauf gebrauchter Bücher.

§ 4 Grenzüberschreitende Verkäufe

(1) Die Preisbindung gilt nicht für grenzüberschreitende Verkäufe innerhalb des Europäischen Wirtschaftsraumes.

(2) Der nach § 5 festgesetzte Endpreis ist auf grenzüberschreitende Verkäufe von Büchern innerhalb des Europäischen Wirtschaftsraumes anzuwenden, wenn sich aus objektiven Umständen ergibt, dass die betreffenden Bücher allein zum Zwecke ihrer Wiedereinfuhr ausgeführt worden sind, um dieses Gesetz zu umgehen.

§ 5 Preisfestsetzung

(1) Wer Bücher verlegt oder importiert, ist verpflichtet, einen Preis einschließlich Umsatzsteuer (Endpreis) für die Ausgabe eines Buches für den Verkauf an Letztabnehmer festzusetzen und in geeigneter Weise zu veröffentlichen. Entsprechendes gilt für Änderungen des Endpreises.

(2) Wer Bücher importiert, darf zur Festsetzung des Endpreises den vom Verleger des Verlagsstaates für Deutschland empfohlenen Letztabnehmerpreis einschließlich der in Deutschland jeweils geltenden Mehrwertsteuer nicht unterschreiten. Hat der Verleger keinen Preis für Deutschland empfohlen, so darf der Importeur zur Festsetzung des Endpreises den für den Verlagsstaat festgesetzten oder empfohlenen Nettopreis des Verlegers für Endabnehmer zuzüglich der in Deutschland jeweils geltenden Mehrwertsteuer nicht unterschreiten.

(3) Wer als Importeur Bücher in einem Vertragsstaat des Abkommens über den Europäischen Wirtschaftsraum zu einem von den üblichen Einkaufspreisen im Einkaufsstaat abweichenden niedrigeren Einkaufspreis kauft, kann den gemäß Absatz 2 festzulegenden Endpreis in dem Verhältnis herabsetzen, wie es dem Verhältnis des erzielten Handelsvorteils zu den üblichen Einkaufspreisen im Einkaufsstaat entspricht; dabei gelten branchentypische Mengennachlässe und entsprechende Verkaufskonditionen als Bestandteile der üblichen Einkaufspreise.

(4) Verleger oder Importeure können folgende Endpreise festsetzen:

1. Serienpreise,
2. Mengenpreise,
3. Subskriptionspreise,
4. Sonderpreise für Institutionen, die bei der Herausgabe einzelner bestimmter Verlagswerke vertraglich in einer für das Zustandekommen des Werkes ausschlaggebenden Weise mitgewirkt haben,
5. Sonderpreise für Abonnenten einer Zeitschrift beim Bezug eines Buches, das die Redaktion dieser Zeitschrift verfasst oder herausgegeben hat und
6. Teilzahlungszuschläge.

(5) Die Festsetzung unterschiedlicher Endpreise für einen bestimmten Titel durch einen Verleger oder Importeur oder deren Lizenznehmer ist zulässig, wenn dies sachlich gerechtfertigt ist.

§ 6 Vertrieb

(1) Verlage müssen bei der Festsetzung ihrer Verkaufspreise und sonstigen Verkaufskonditionen gegenüber Händlern den von kleineren Buchhandlungen erbrachten Beitrag zur flächendeckenden Versorgung mit Büchern sowie ihren buchhändlerischen Service angemessen berücksichtigen. Sie dürfen ihre Rabatte nicht allein an dem mit einem Händler erzielten Umsatz ausrichten.

(2) Verlage dürfen branchenfremde Händler nicht zu niedrigeren Preisen oder günstigeren Konditionen beliefern als den Buchhandel.

(3) Verlage dürfen für Zwischenbuchhändler keine höheren Preise oder schlechteren Konditionen festsetzen als für Letztverkäufer, die sie direkt beliefern.

§ 7 Ausnahmen

(1) § 3 gilt nicht beim Verkauf von Büchern:

1. an Verleger oder Importeure von Büchern, Buchhändler oder deren Angestellte und feste Mitarbeiter für deren Eigenbedarf,
2. an Autoren selbständiger Publikationen eines Verlages für deren Eigenbedarf,
3. an Lehrer zum Zwecke der Prüfung einer Verwendung im Unterricht,
4. als Mängelexemplare, die verschmutzt oder beschädigt sind oder einen sonstigen Fehler aufweisen.

(2) Beim Verkauf von Büchern können wissenschaftlichen Bibliotheken, die jedem auf ihrem Gebiet wissenschaftlich Arbeitenden zugänglich sind, bis zu 5 Prozent, jedermann zugänglichen kommunalen Büchereien, Landesbüchereien und Schülerbüchereien sowie konfessionellen Büchereien und Truppenbüchereien der Bundeswehr und des Bundesgrenzschutzes bis zu 10 Prozent Nachlass gewährt werden.

(3) Bei Sammelbestellungen von Büchern für den Schulunterricht, die überwiegend von der öffentlichen Hand finanziert werden, gewähren die Verkäufer folgende Nachlässe:

1. bei einem Auftrag im Gesamtwert bis zu 25 000 Euro für Titel mit

mehr als 10 Stück	8 Prozent Nachlass
mehr als 25 Stück	10 Prozent Nachlass
mehr als 100 Stück	12 Prozent Nachlass
mehr als 500 Stück	13 Prozent Nachlass

2. bei einem Auftrag im Gesamtwert von mehr als

25 000 Euro	13 Prozent Nachlass
38 000 Euro	14 Prozent Nachlass
50 000 Euro	15 Prozent Nachlass

Soweit Schulbücher von den Schulen im Rahmen eigener Budgets angeschafft werden, ist stattdessen ein genereller

Nachlass von 12 Prozent für alle Sammelbestellungen zu gewähren.

(4) Der Letztverkäufer verletzt seine Pflicht nach § 3 nicht, wenn er anlässlich des Verkaufs eines Buches

1. Waren von geringem Wert oder Waren, die im Hinblick auf den Wert des gekauften Buches wirtschaftlich nicht ins Gewicht fallen, abgibt,
2. geringwertige Kosten der Letztabnehmer für den Besuch der Verkaufsstelle übernimmt,
3. Versand- oder besondere Beschaffungskosten übernimmt oder
4. andere handelsübliche Nebenleistungen erbringt.

§ 8 Dauer der Preisbindung

(1) Verleger und Importeure sind berechtigt, durch Veröffentlichung in geeigneter Weise die Preisbindung für Bücher zu beenden, die zu einer vor mindestens achtzehn Monaten hergestellten Druckauflage gehören.

(2) Bei Büchern, die in einem Abstand von weniger als achtzehn Monaten wiederkehrend erscheinen oder deren Inhalt mit dem Erreichen eines bestimmten Datums oder Ereignisses erheblich an Wert verlieren, ist eine Beendigung der Preisbindung durch den Verleger oder Importeur ohne Beachtung der Frist gemäß Absatz 1 nach Ablauf eines angemessenen Zeitraums seit Erscheinen möglich.

§ 9 Schadensersatz- und Unterlassungsansprüche

(1) Wer den Vorschriften dieses Gesetzes zuwiderhandelt, kann auf Unterlassung in Anspruch genommen werden. Wer vorsätzlich oder fahrlässig handelt, ist zum Ersatz des durch die Zuwiderhandlung entstandenen Schadens verpflichtet.

(2) Der Anspruch auf Unterlassung kann nur geltend gemacht werden

1. von Gewerbetreibenden, die Bücher vertreiben,

2. von rechtsfähigen Verbänden zur Förderung gewerblicher Interessen, soweit ihnen eine erhebliche Zahl von Gewerbetreibenden angehört, die Waren oder gewerbliche Leistungen gleicher oder verwandter Art auf demselben Markt vertreiben, soweit sie insbesondere nach ihrer personellen, sachlichen und finanziellen Ausstattung imstande sind, ihre satzungsgemäßen Aufgaben der Verfolgung gewerblicher Interessen tatsächlich wahrnehmen, und die Handlung geeignet ist, den Wettbewerb auf dem relevanten Markt wesentlich zu beeinträchtigen,
3. von einem Rechtsanwalt, der von Verlegern, Importeuren oder Unternehmen, die Verkäufe an Letztabnehmer tätigen, gemeinsam als Treuhänder damit beauftragt worden ist, ihre Preisbindung zu betreuen (Preisbindungstreuhänder),
4. von qualifizierten Einrichtungen, die nachweisen, dass sie in die Liste qualifizierter Einrichtungen nach § 4 des Unterlassungsklagengesetzes oder in dem Verzeichnis der Kommission der Europäischen Gemeinschaften nach Artikel 4 der Richtlinie 98/27/EG des Europäischen Parlaments und des Rates vom 19. Mai 1998 über Unterlassungsklagen zum Schutz der Verbraucherinteressen (ABl. EG Nr. L 166 S. 51) in der jeweils geltenden Fassung eingetragen sind.

Die Einrichtungen nach Satz 1 Nr. 4 können den Anspruch auf Unterlassung nur geltend machen, soweit der Anspruch eine Handlung betrifft, durch die wesentliche Belange der Letztabnehmer berührt werden.

(3) Für das Verfahren gelten bei den Anspruchsberechtigten nach Absatz 2 Nr. 1 bis 3 die Vorschriften des Gesetzes gegen den unlauteren Wettbewerb und bei Einrichtungen nach Absatz 2 Nr. 4 die Vorschriften des Unterlassungsklagegesetzes.

§ 10 Bucheinsicht

(1) Sofern der begründete Verdacht vorliegt, dass ein Unternehmen gegen § 3 verstoßen hat, kann ein Gewerbetreibender, der ebenfalls Bücher vertreibt, verlangen, dass dieses Unternehmen einem von Berufs wegen zur Verschwiegenheit verpflichteten Angehörigen der wirtschafts- oder steuerberatenden Berufe Einblick in seine Bücher und Geschäftsunterlagen gewährt. Der Bericht des Buchprüfers darf sich ausschließlich auf die ihm bekannt gewordenen Verstöße gegen die Vorschriften dieses Gesetzes beziehen.

(2) Liegt eine Zuwiderhandlung vor, kann der Gewerbetreibende von dem zuwiderhandelnden Unternehmen die Erstattung der notwendigen Kosten der Buchprüfung verlangen.

§ 11 Übergangsvorschrift

Von Verlegern oder Importeuren vertraglich festgesetzte Endpreise für Bücher, die zum 1. Oktober 2002 in Verkehr gebracht waren, gelten als Preise im Sinne von § 5 Abs. 1.

Gesetz gegen Wettbewerbsbeschränkungen (Auszug: § 15 GWB n. F.)

§ 15 Preisbindung bei Zeitungen und Zeitschriften

(1) § 14 gilt nicht, soweit ein Unternehmen, das Zeitungen oder Zeitschriften herstellt, die Abnehmer dieser Erzeugnisse rechtlich oder wirtschaftlich bindet, bei der Weiterveräußerung bestimmte Preise zu vereinbaren oder ihren Abnehmern die gleiche Bindung bis zur Weiterveräußerung an den letzten Verbraucher aufzuerlegen. Zu Zeitungen und Zeitschriften zählen auch Produkte, die Zeitungen oder Zeitschriften reproduzieren oder substituieren und bei Würdigung der Gesamtumstände als überwiegend verlagstypisch anzusehen sind, sowie kombinierte Produkte, bei denen eine Zeitung oder Zeitschrift im Vordergrund steht.

(2) Vereinbarungen der in Absatz 1 bezeichneten Art sind, soweit sie Preise und Preisbestandteile betreffen, schriftlich abzufassen. Es genügt, wenn die Beteiligten Urkunden unterzeichnen, die auf eine Preisliste oder auf Preismitteilungen Bezug nehmen. § 126 Abs. 2 des Bürgerlichen Gesetzbuches findet keine Anwendung.

(3) Das Bundeskartellamt kann von Amts wegen oder auf Antrag eines gebundenen Abnehmers die Preisbindung für unwirksam erklären und die Anwendung einer neuen, gleichartigen Preisbindung verbieten, wenn

1. die Preisbindung missbräuchlich gehandhabt wird oder
2. die Preisbindung oder ihre Verbindung mit anderen Wettbewerbsbeschränkungen geeignet ist, die gebundenen Waren zu verteuern oder ein Sinken ihrer Preise zu verhindern oder ihre Erzeugung oder ihren Absatz zu beschränken.

1. Gesetz über die Preisbindung für Bücher (Buchpreisbindungsgesetz – BuchPrG)

Schrifttum: *Ahrens/Jänich,* Der gebundene Preis für CD-ROM-Produkte – ein Irrweg der Rechtsprechung, GRUR 1998, S. 599 ff.; *Baumbach/Hefermehl,* Wettbewerbsrecht, 22. Aufl., 2001; *Bechtold,* GWB, 2. Aufl. 1999; *Bunte,* Die Preisbindung für Verlagserzeugnisse auf dem kartellrechtlichen Prüfstand, NJW 1997, S. 3127 ff.; *Everling,* Buchpreisbindung im deutschsprachigen Raum und europäisches Gemeinschaftsrecht, in: Die Buchpreisbindung, 1997, S. 1 ff.; *Fezer,* Elektronische Verlagserzeugnisse als Gegenstand der kartellrechtlichen Preisbindung, NJW 1997, S. 2150 ff.; *ders.,* Preisbindung elektronischer Verlagserzeugnisse, WRP 1994, S. 669 ff.; *ders.,* Die Verfassungsnähe der Buchpreisbindung, GRUR 1988, S. 185 ff.; *Franzen,* Die Preisbindung des Buchhandels, 3. Aufl. 1987; *Füssel,* Die Preisbindung für Bücher aus kulturhistorischer Sicht, in: Die Buchpreisbindung, 1997, S. 89 ff.; *Gläser,* Kartellrechtliche Grenzen der Ausgabenvielfalt preisgebundener Verlagserzeugnisse, 2001; *Goldschmitt,* Grenzüberschreitende Buchpreisbindung und internationaler Buchmarkt, 2000; *Haag,* Kombiprodukte, Börsenblatt 92/1998, S. 13 ff.; *Hofmann,* Buchpreisbindungen auf dem Prüfstand des Europarechts, GRUR 2000, S. 555 ff.; *Huppertz,* Die Buchpreisbindung nach nationalem und europäischem Wettbewerbsrecht, GRUR 1998, S. 988 ff.; *Immenga/Mestmäcker,* GWB-Kommentar, 3. Aufl. 2001; *Jungermann,* Neues zur Buchpreisbindung, NJW 2000 S. 2172 f.; *ders.,* Auch reimportierte Bücher sind der Preisbindung zugänglich, NJW 2000, S. 3189 ff.; *Kloepfer,* Presse-Grosso unter dem Schutz von Verfassungsrecht und Europarecht, 1999; *Lamy,* Droit Économique – Concurrence, Distribution, Consommation, 1996; *Langbein,* Die Buchpreisbindung in der EWG, 1989; *Langen/Bunte,* Kommentar zum deutschen und europäischen Kartellrecht, 9. Aufl. 2001; *Mann,* Einbindung von preisgebundenen Produkten in Kopplungsangebote, WRP 1997, S. 1139 ff.; *Meyer-Dohm,* Der westdeutsche Büchermarkt, 1957; *Müller-Henneberg/Schwarz,* Gemeinschaftskommentar, 4. Aufl. 1987; *Numrich,* Die soziologische Funktion des festen Ladenpreises im Buchhandel, Börsenblatt 1968, S. 995 ff.; *Obert,* Die Preisbindung im Buchhandel in Deutschland und im Vereinigten Königreich in der Sicht des europäischen Rechts, 2000; *Pastor/Ahrens,* Der Wettbewerbsprozess, 4. Aufl., 1999; *Rürup,* Die Buchpreisbindung im Lichte der ökonomischen Analyse, in: Die Buchpreisbindung, 1997, S. 61 ff.; *Schlemminger,* Die Preisbindung im deutschen Buchhandel, 1935; *Schwebbach,* Bücher im Wettbewerb, 1965; *Sehrschön/Willheim,* Das neue Bundesgesetz über die Preisbindung bei Büchern, Wirtschaftskammer Österreich, 2000; *Stumpp,* Die Preisbindung für Verlagserzeugnisse: Wettbewerbsbeschränkung oder Regulierung zur Beseitigung von Marktunvollkommenheiten?, 1999; *Wallenfels,* Das System der Preisbindung für Verlagserzeugnisse im EG-Binnenmarkt, in: Becker (Hrsg.), Der Buchhandel im Europäischen Binnenmarkt, 1989.

§ 1 Zweck des Gesetzes

Das Gesetz dient dem Schutz des Kulturgutes Buch. Die Festsetzung verbindlicher Preise beim Verkauf an Letztabnehmer sichert den Erhalt eines breiten Buchangebots. Das Gesetz gewährleistet zugleich, dass dieses Angebot für eine breite Öffentlichkeit zugänglich ist, indem es die Existenz einer großen Zahl von Verkaufsstellen fördert.

Übersicht

I. Gesetzgeberischer Zweck

Mit dem Gesetz zur Regelung der Preisbindung bei Verlagserzeugnissen soll ein leistungsfähiger Markt für Verlagserzeugnisse in Deutschland gesichert und deren Rolle als Kulturgut und Kulturmedium gefördert werden. Das Gesetz stellt zudem eine Maßnahme zur Förderung kultureller und sprachlicher Vielfalt und zum Schutz des Pluralismus im Sinne des Art. 1 Nr. 6 der Richtlinie 2000/31/EG vom 8. Juni 2000 über den elektronischen Geschäftsverkehr dar (Begründung A Nr. 1). Mit der Schaffung des Gesetzes erkennt der Gesetzgeber den herausragenden Beitrag an, den Bücher zum heutigen Stand der Kultur in unserer Gesellschaft geleistet haben. Er geht davon aus, dass die Preisbindung in Deutschland entscheidend dazu beigetragen hat, dass eine große Titelvielfalt besteht, dass eine Fülle auch kleinerer und mittlerer Verlage existiert, dass kulturell wertvolle Bücher trotz kleiner Auflagen zu erschwinglichen Preisen erscheinen und dass die Versorgung der Bevölkerung durch ein engmaschiges Netz von Buchhandlungen nicht nur in größeren Städten gewährleistet ist (Begründung A Nr. 1). Durch das neue Gesetz wird sichergestellt, dass feste Buchpreise in Deutschland stärker als bisher rechtlich und politisch abgesichert sind. Die gesetzliche Regelung der Buchpreisbindung setzt sich damit mehr und mehr auch als EU-Standard durch. Mit Ausnahme Großbritanniens und Irlands, die durch die Einbeziehung in den englischsprachigen Weltmarkt nationale Preisbindungen kaum mehr werden einhalten können, so- 1 wie Finnlands haben inzwischen alle Mitgliedstaaten der Europäischen Union Gesetze zur Buchpreisbindung eingeführt oder bereiten sie – wie Belgien und Dänemark – derzeit vor.

1. Ausgangslage

2 Der Zweck der Preisbindung für Verlagserzeugnisse ist seit jeher das kulturpolitische Anliegen, die vielfältige, gleichmäßige und flächendeckende Versorgung der Bevölkerung mit dem Kulturgut Buch zu gewährleisten (BGH NJW 1979, 1411 – Sammelrevers 1974; BGH NJW 1986, 1256 – Schulbuch-Preisbindung; BGH NJW 1997, 1912 – NJW auf CD-ROM). Diesen Zweck verfolgt ausweislich der amtlichen Begründung auch das am 1. Oktober 2002 in Kraft getretene Gesetz zur Regelung der Preisbindung bei Verlagserzeugnissen, dessen wesentlicher Bestandteil in Art. 1 das BuchPrG ist. Auch dient die Buchpreisbindung der Verwirklichung des Grundrechts der Kommunikationsfreiheit; sie gilt daher als „verfassungsnah" (*Fezer*, GRUR 1988, 185). Die Preisbindung von Verlagserzeugnissen war in Deutschland bis zum 30. September 2002 auf vertraglicher Grundlage geregelt. § 15 GWB a.F. sah als Ausnahme vom Verbot von Preisvereinbarungen vor, dass ein Unternehmen die Abnehmer seiner Verlagserzeugnisse verpflichten konnte, bei der Weiterveräußerung bestimmte Preise zu vereinbaren. In der Praxis erfolgte die Preisbindung für Bücher und Fachzeitschriften über das sogenannte Sammelreverssystem: Die Händler gingen durch Unterzeichnung des Reverses eine Verpflichtung gegenüber einer Vielzahl von Verlagen ein, die von diesen Verlagen festgesetzten Preise ihren Kunden zu berechnen. Der Sammelrevers war somit eine Zusammenfassung der einzelnen Preisbindungsverpflichtungen eines Händlers gegenüber verschiedenen Verlegern in einer einzelnen Urkunde. Das System der auf freiwilligen und gleichförmigen Absprachen beruhenden Buchpreisbindung war in den Jahren von 1993 bis 2002 Gegenstand einer kartellrechtlichen Aus-

einandersetzung zwischen dem deutschen Buchhandel und der EU-Kommission. Zwar erklärte die EU-Kommission mit Schreiben vom 17. April 2002 (Az.: D 001 862) den Sammelrevers 2000 im Wege eines „Negativattests" für EU-rechtskonform, weil er in der „renationalisierten" Fassung keine Beeinträchtigung des Handels zwischen Mitgliedstaaten der EU nach Art. 81 Abs. 1 EG-Vertrag bewirke. Dennoch bestanden große Zweifel, ob das System der Buchpreisbindung auf vertraglicher Basis auf Dauer erhalten werden könne (*Klosterfelde/Metzlaff*, LB § 15 Rn. 9; *Emmerich*, IM § 15 Rn. 7; *Jungermann*, NJW 2000, 2173). Mit dem BuchPrG verfolgt der Gesetzgeber die Absicht, das vertragliche Sammelreverssystem durch eine zwingende gesetzliche Regelung zu ersetzen, der keine kartellrechtlichen Bedenken entgegenstehen. Das Gesetz ist im Vergleich zum vorherigen Sammelreverssystem die erheblich schlechtere Lösung: Denn ein flexibles Vertragssystem ist einer starren gesetzlichen Reglementierung stets vorzuziehen. Nach altem Recht hatten die Verlage ja grundsätzlich die Wahl, ob sie überhaupt Preise binden oder einzelne Titel – etwa aus Marketinggründen – aus der Preisbindung herausnehmen wollten. Das Gesetz schreibt nun die Preisbindung für alle Bücher vor und stellt insoweit einen stärkeren Eingriff in die Freiheit der Hersteller und Händler dar als die Preisbindung durch Sammelrevers. Es ist ein Paradoxon, dass die ablehnende Haltung der EU-Kommission nun im Ergebnis ein gesetzliches System zur Folge hat, dem eine stärker reglementierende Wirkung innewohnt als dem vorherigen.

2. Sinn und Nutzen der Preisbindung

„Books are different". Bücher sind anders als andere **3**
Waren: Dies auf Grund ihrer Doppelfunktion als Kulturgut einerseits und als Wirtschaftsgut andererseits. Der Streit über die Berechtigung der Buchpreisbindung ist dabei so alt wie diese selbst. Die breite Mehrheit der Firmen des Buchhandels – und insbesondere die mittelständischen

Verlage und Buchhandlungen – sind weiterhin Befürworter der Preisbindung. Sie werden unterstützt von den buchhändlerischen Verbänden, aber auch von den Autoren („Leipziger Erklärung", Börsenblatt 20/1998, S. 5), der Bundesregierung und den Parteien. So war die Sicherung der Preisbindung politisch stets unumstritten (*Obert*, S. 209 ff.). Mit der Einführung des Preisbindungsprivilegs für Verlagserzeugnisse wollte der Gesetzgeber das System der festen Ladenpreise im Buchhandel aufrechterhalten. Der feste Ladenpreis für Bücher erschien dem Gesetzgeber mit dem Gesamtsystem des buchhändlerischen Vertriebs- und Abrechnungsvorgangs und mit dem Ziel der Erhaltung eines gut ausgebildeten Sortimenterstandes fest verknüpft, so dass Eingriffe nicht ohne Schädigung für Autor, Verleger und Sortimenter geblieben wären (BGH NJW 1997, 1911, 1912 – NJW auf CD-ROM; BGHZ 46, 74, 82 – Schallplatten). Die Preisbindung des Buchhandels „überlebte" die Abschaffung der Markenpreisbindung durch die 2. GWB-Novelle 1973. Auf dem Höhepunkt der Auseinandersetzungen mit der Europäischen Kommission erhielt der deutsche Buchhandel die Unterstützung des Gesetzgebers durch das am 1. Juli 2000 in Kraft getretene Gesetz zur Sicherung der nationalen Buchpreisbindung, durch welches § 15 GWB Abs. 1 a.F. um eine Regelung zum Schutz vor missbräuchlichen Reimporten erweitert wurde. Das neue Gesetz zur Regelung der Preisbindung bei Verlagserzeugnissen dürfte zu den wenigen Gesetzen der letzten Jahre gehören, dem sämtliche im Bundestag vertretenen Parteien zugestimmt haben. Gegner der Preisbindung findet man bei den Anhängern eines ausschließlich den Gesetzen des Marktes unterworfenen Warenverkehrs, aber auch bei einzelnen Unternehmen, die sich vom Wegfall der Preisbindung Vorteile versprechen. Die Argumente für und gegen die Preisbindung lassen sich im Wesentlichen wie folgt zusammenfassen:

4 **a) Argumente für die Preisbindung.** Die Preisbindung schützt in erster Linie den Mittelstand. Ohne Preisbindung,

so befürchten ihre Befürworter, könnten Kaufhäuser und Buchhandelsketten auf Grund ihres hohen Bestellvolumens und entsprechend günstiger Einkaufskonditionen insbesondere Bestseller zu wesentlich günstigeren Preisen verkaufen als der mittelständische Sortimentsbuchhandel. Dieser lebe von einer Mischkalkulation: Beim Verkauf von Bestsellern verdiene der Buchhändler wegen der regelmäßig hohen Verlagsrabatte genug, um den Verkauf von seltener nachgefragten oder beim Verlag erst zu bestellenden Büchern mit meist wesentlich niedrigeren Rabatten finanzieren zu können. Ohne Preisbindung entfiele für den Buchhändler das gewinnträchtige Bestsellergeschäft, er wäre auf den Verkauf schwerer verkäuflicher Bücher angewiesen: Der Sortimenter müsste vom Besorgungsgeschäft leben und dort seine geringe Spanne durch hohe Preise ausgleichen. Wegen des Wegfalls der Mischkalkulation müssten diese Bücher teurer angeboten werden, so dass beim Wegfall der Preisbindung zwar einige Bestseller billiger, die meisten Bücher jedoch zu teureren Preisen verkauft würden. Zudem könnten viele Buchhandlungen im Preiskampf mit größeren Ketten und Kaufhäusern nicht überleben. Auch der Bundesgerichtshof hat es als „nicht von der Hand zu weisende, durchaus nahe liegende Befürchtung" bezeichnet, dass bei Wegfall der Preisbindung die Vielfalt der Verlagsangebote leiden sowie vor allem die herkömmliche, durch ein breites Sortiment und eine Vielzahl auch kleinerer Anbieter geprägte Struktur des Buchhandels Schaden nehmen könnte (BGH NJW 1997, 1911, 1912 – NJW auf CD-ROM).

aa) Erhalt eines breiten Buchangebots. Die Konsequenz eines Wegfalls der Preisbindung wäre nach dieser Auffassung ein Mittelstandssterben insbesondere im Sortimentsbuchhandel, das Konsequenzen auch für die Verlage hätte: Denn mit Wegfall vieler Buchhandlungen entfielen für die vielen mittleren und kleinen Verlage die wichtigsten Verkaufsstellen. Am Ende dieser Entwicklung könnte eine **Bestsellerkultur** stehen, bei welcher eine Hand voll Buch- 5 ketten den noch bestehenden Verlagen diktierten, zu welchen Themen welche Bücher erfolgreich wären und gelistet würden. Vieles könnte gar nicht mehr erscheinen: Denn dort, wo der Massenkonsum vorherrscht, kann das Besondere, das Außerordentliche, das Wissenschaftliche, das Skurrile, die Kunst nur schwer gedeihen – es sei denn mit staatlicher Subvention wie im Bereich Theater, Oper, Museen. Derzeit sind in Deutschland über 1 Mio. Buchtitel lieferbar, mit über 80 000 Neuerscheinungen nimmt Deutschland im internationalen Vergleich eine Position in der Spitzengruppe ein, noch weit vor den USA und Frankreich (Buch und Buchhandel in Zahlen 2002, S. 79). Dieses auch für die Zukunft zu sichern ist eines der mit dem Gesetz verfolgten Hauptziele. Die Preisbindung dient demgemäß auch der Erhaltung der Buchkultur. Hiergegen ist eingewendet worden, eine Vielzahl von Büchern sei kulturell nur von geringem Wert (so die EU-Kommission in ihren Beschwerdepunkten, Börsenblatt 54/1998, S. 2). Diese Auffassung liefe in der Konsequenz auf eine Trennung zwischen kulturell wertvollen, schützenswerten und daher preisbindungsfähigen Büchern einerseits und kulturell geringwertigen Büchern andererseits hinaus. Doch wer kann eine solche Entscheidung treffen, schon gar in einem Massenmarkt? Bücher sind in ihrer Gesamtheit der Spiegel einer Gesellschaft, Zeugen für die Nachwelt, Archiv des Geistes, des Wissens und der Abgründe einer Epoche. Jedes einzelne Buch ist Kulturgut.

6 **bb) Förderung einer Vielzahl von Verkaufsstellen.** Das Gesetz verfolgt seinem Wortlaut nach das Ziel, das in Deutschland bestehende große Buchangebot auch einer breiten Öffentlichkeit zugänglich zu machen. Dies will es durch die Förderung der Existenz einer Vielzahl von Verkaufsstellen gewährleisten. Die Preisbindung ermöglicht einen breitgestreuten Buchhändlerstand mit bibliographischem Handwerkszeug, nach wie vor hoher Beratungsqualität und damit auch kulturellem Service. Jede Buchhandlung auch im entlegensten Winkel Deutschlands kann

jeden lieferbaren Titel innerhalb kürzester Zeit besorgen, weit über 300 000 Titel sogar binnen 24 Stunden. Diese wohl einzigartige logistische Leistung des deutschen Buchhandels wäre nicht möglich ohne einen differenziert organisierten Zwischenbuchhandel und insbesondere das Barsortiment (Buchgroßhändler, die bei den Verlagen Bücher kaufen und sie auf eigene Rechnung an den Buchhandel verkaufen). Auch das Barsortiment wird durch die Preisbindung gefördert, da ihm die Preisbindung eine ausreichende Spanne sichert. Der Zwischenbuchhandel ermöglicht die Beschaffung bestellter Literatur binnen 24 Stunden mittels modernster Online-Bestellsysteme und durch den täglichen Transportdienst. Jede Buchhandlung Deutschlands wird täglich durch die großen Barsortimente beliefert. Die bei Wegfall der Preisbindung zu erwartende Abnahme der Buchhandelsdichte könnte dazu führen, dass der Zwischenbuchhandel diesen Service aus Kostengründen nicht mehr flächendeckend gewährleisten könnte. Allerdings ließe sich einwenden, allein die Existenz großer Versandbuchhandlungen gewährleiste – auch zunehmend über das Internet – die Versorgung der Öffentlichkeit mit den in Deutschland lieferbaren Büchern. Doch auch Versandbuchhandlungen sind „Verkaufsstellen" i.S.d. § 1 BuchPrG, deren Existenz durch die Preisbindung gesichert wird. Zudem ist das Internet – trotz stetig steigender Benutzerzahlen – noch immer nur für Teile der Bevölkerung tatsächlich zugänglich Und schließlich ist auch der Gang durch eine Buchhandlung ein kulturelles Erlebnis; gefördert wird durch das Gesetz auch ein flächendeckendes Netz solcher „geistiger Tankstellen". Die Argumente für die Preisbindung sind anschaulich zusammengefasst in der Zusammenfassung der Erwiderung der anmeldenden Verlage auf die Beschwerdepunkte der Europäischen Kommission (Börsenblatt 54/1998, S. 2ff.).

b) Argumente gegen die Preisbindung. Die Preisbindung 7
schwächt den Preiswettbewerb auf der Händlerebene, den zentralen Motor der Marktwirtschaft. Sie bremst das

ökonomische Kalkül, mit den niedrigsten Kosten einen möglichst hohen Nutzen zu erzielen. Sie verteuert für den Endabnehmer Bestseller und Massenware (allerdings zugunsten sonstiger Literatur). Sie erleichtert Missbräuche bei der Preisbildung. Die Preisbindung bringt unvermeidbar auch Abgrenzungs- und Definitionsprobleme, Ausnahmen und Gegenausnahmen, betriebswirtschaftlich oder kulturell oder sozial motivierte Sonderregelungen, kurz Erscheinungen eines dirigistischen Systems. Die Probleme lösen sich nicht so geschmeidig wie im Rahmen der reinen Marktwirtschaft. Wie in allen Systemen, die die Bildung der Preise lenken und nicht dem freien Spiel von Angebot und Nachfrage überlassen, treten Widersprüche und Ungereimtheiten auf; wenn auch nicht vergleichbar mit Zentralverwaltungssystemen, da hier nicht eine, sondern weit über 1000 Instanzen, die hart konkurrierenden Verlage, die Lenkungsfunktion haben (*Franzen*, Rn. 11). Gegen die Preisbindung wird insbesondere von *Emmerich* eingewandt, das Buch sei eine normale Ware und wie eine solche zu behandeln. Der Einwand, Bücher seien Kulturgut, sei abwegig und stelle nichts anderes als eine Ideologie zur Rechtfertigung der die Sortimenter auf Kosten der Verbraucher begünstigenden Preisbindung dar. Die Existenzsicherung für eine Vielzahl kleiner Buchhändler, die bei Aufhebung der Preisbindung und dadurch ausgelöstem Preiswettbewerb nicht mehr lebensfähig seien, sei in einer Wettbewerbsordnung nicht mehr legitim. Verhindert werde zudem die Herausbildung neuer, rationeller Vertriebsformen. Die flächendeckende Versorgung der Bevölkerung mit Literatur sei gewährleistet, denn wo immer eine Nachfrage nach Büchern bestehe, werde sich auf offenen Märkten auch ein entsprechendes Angebot bilden. Auch zeige die Erfahrung in Ländern ohne Preisbindung – etwa USA, Schweden und bis 1981 Frankreich – dass die flächendeckende Versorgung der Bevölkerung mit Büchern auch ohne Preisbindung möglich sei. Die Preisbindung für Bücher lasse sich daher wirtschaftspolitisch nicht mehr rechtfertigen (*Emmerich*, IM § 15 Rn. 6).

c) Zum Stand der Diskussion. Die Diskussion der letzten Jahre war von der Frage geprägt, was nun tatsächlich die Folge des Wegfalls der Preisbindung wäre. Die Befürworter der Preisbindung befürchteten eine Vielzahl von Konkursen mittelständischer Buchhandlungen und Verlage bei einhergehender deutlicher Reduzierung des Titelangebots. Die Gegner der Preisbindung hielten dies für Horrorszenarien und verwiesen auf das noch bestehende Buchangebot in Ländern ohne Preisbindung. Dieser Vergleich ist indes zumeist schief: In den USA hat das Titelangebot seit Wegfall der Preisbindung im Jahre 1974 in etwa stagniert, während es sich in Deutschland seither und unter dem Schutz der Preisbindung verdreifacht hat. Auch werden in den USA – bei wesentlich größerer Bevölkerungszahl – pro Jahr deutlich weniger neue Titel produziert als in Deutschland (Buch und Buchhandel in Zahlen 2002, S. 79). Auch die Zahl der Buchhandlungen ist in Deutschland – pro Kopf der Bevölkerung gerechnet – um ein Vielfaches höher als in den USA (Börsenblatt 54/1998, S. 19). In Schweden muss der Buchhandel zum Teil subventioniert werden, die Zahl der Buchhandlungen verringerte sich allein in den ersten fünf Jahren nach Aufhebung der Preisbindung um etwa ein Drittel, dazu kam ein fast vollständiges Absterben des Zwischenbuchhandels und eine massive Konzentration im Verlagssektor. Und in Frankreich wurde die 1979 außer Kraft gesetzte Preisbindung durch ein Gesetz des Kulturministers *Jaques Lang* bereits 1982 wieder eingeführt, nachdem die Buchpreise im Schnitt deutlich gestiegen waren und ein Massensterben der kleineren Buchhandlungen einsetzte (*Füssel,* S. 97ff.; *Goldschmitt,* S. 52ff.; *Obert,* S. 208). Auch die Erfahrungen in England seit Aufhebung der Preisbindung 1995 scheinen die Befürchtungen zu bestätigen: Einige Bestseller werden seither günstiger verkauft, im Schnitt verteuerten sich die Bücher (*Goldschmitt,* S. 65ff.). Die Preisbindung wurde im Rahmen neuerer Studien rechtlich und ökonomisch unter die Lupe genommen: Festgestellt wurde dabei ein durch sie begründeter Beitrag zur Verbesserung der 8

Bucherzeugung und -verteilung, ihr Wegfall hätte überwiegend negative Auswirkungen auf die Verlage, die Buchhändler und Autoren (*Everling,* S. 48 ff.) Die Preisbindung gewährleistet weiterhin eine Erhöhung der Verkaufsstellenzahl, des Serviceniveaus sowie eine Reduzierung von Transaktionskosten. Von der Preisbindung gehe tendenziell eine gesamtwirtschaftlich erwünschte Wirkung aus (*Rürup,* S. 86 f.; *Stumpp,* S. 197 f.).

9 **d) Stellungnahme.** Wer Bücher allein als Ware betrachtet und sie wie andere Waren auch dem Wettbewerb unterzieht, wer auch bereit ist, dafür das Verschwinden vieler Buchhandlungen, Verlage und Bücher in Kauf zu nehmen, der wird gegen die Preisbindung sein und es bleiben. Selbstverständlich würden auch in Deutschland nach dem Wegfall der Preisbindung Bücher erscheinen, es fragt sich nur: welche? Der Trend zur Bestsellerliteratur würde sich fortsetzen, Bestseller-Verkaufsstellen würden an die Stelle von Sortimentsbuchhandlungen treten, Verkäufer an die Stelle von Buchhändlern. Wer das Buch allein den Gesetzen des Marktes unterordnet, der liefert auch die Inhalte den Marktgesetzen aus. Am Ende stünde eine kulturelle Verarmung, ein Niveauverlust, wie man ihn in anderen Bereichen bereits beklagt. Der Gesetzgeber hat sich seit langem stets – und mit Inkraftsetzung des BuchPrG ein weiteres mal – entschieden. Er betont den Doppelcharakter des Buches und schränkt den Preiswettbewerb zugunsten der Buchkultur ein. Er folgt der These, wonach ein Wegfall der Preisbindung weniger Buchhandlungen, teurere Bücher und weniger veröffentlichte Titel zur Folge hätte. Einer solchen Entwicklung nachhaltig entgegenzuwirken ist Sinn und Zweck des Gesetzes. Um mit den Worten eines Verlegers zu sprechen: „Die Buchpreisbindung nützt vielen und schadet niemandem." Sie schadet insbesondere nicht dem Verbraucher, der Bücher in allen Preisklassen und zu allen Themen erwerben kann. Selbst die vielbeschworenen Bestseller sind regelmäßig nach einigen Monaten günstig als Taschenbuch zu erwerben, aktu-

elle Bestseller gibt es zudem auch mit Preisvorteilen in den Buchclubs. Die Vorteile der Preisbindung überwiegen ihre Nachteile. Zwingende Gründe für eine Abschaffung der Preisbindung sind nicht ersichtlich; sie ist kulturpolitisch unverzichtbar, ökonomisch sinnvoll und von einer weit überwiegenden Anzahl der Marktteilnehmer gewollt.

II. Entstehungsgeschichte

1. Von der Kröner-Reform zum Sammelrevers

Die buchhändlerische Preisbindung geht zurück auf die Kröner-Reform der Jahre 1878 bis 1888. Der damalige Vorsteher des Börsenvereins des Deutschen Buchhandels, *Adolf Kröner*, schlug 1878 einheitliche Absprachen zwischen Verlagen und Sortiment zum festen Ladenpreis vor. 1888 wurde der feste Ladenpreis durch die Satzung des Börsenvereins gesichert. Danach waren die Mitglieder des Börsenvereins verpflichtet, den vom Verlag festgesetzten Ladenpreis einzuhalten. Verstöße wurden verbandsintern – bis hin zur Einstellung der Belieferung – sanktioniert. Das Gewohnheitsrecht der Preisbindung des Buchhandels fand detailliert seine Form in der buchhändlerischen Verkehrsordnung (1891) und der Verkaufsordnung (1909) des Verbandes. Der deutsche Buchhandel war damit der erste Wirtschaftszweig, der einen festen Ladenpreis für seine Erzeugnisse als gemeinsames Anliegen des Berufes erkannte und verwirklichte. Er fand als einziges Gewerbe in Deutschland hierfür die Form der gegenseitigen Verpflichtung aller Stufen der Herstellung und des Vertriebes vom Verleger bis zum Buchhändler *(Schlemminger,* S. 87 ff.; *Meyer-Dohm,* S. 11 ff; *Schwebbach,* S. 22 f.; *Numrich,* S. 995 ff.; *Füssel,* S. 89 ff.). Um die Jahrhundertwende entstand der „Bücherstreit", ausgelöst durch die zunehmende nationalökonomische Kritik an der Bildung von Kartellen in manchen Branchen, aber auch durch Auseinandersetzungen innerhalb des Buchhandels über die Machtstellung 10 des Börsenvereins in Sachen Preisbindung. Der Streit ließ das System indes letztlich unberührt, ebenso wie eine spätere Auseinandersetzung um die Preisbindung im Jahre 1927 (*Meyer-Dohm,* S. 16–22; *Füssel,* S. 94). Die Einführung von sog. „Verpflichtungsscheinen" 1928 stützte die Preisbindung noch einmal und führte letztlich zum späteren Revers-System.

11 **a) Preisbindung nach GWB.** Nach dem Zweiten Weltkrieg konnte die Preisbindung auf Grund des Fehlens überregionaler Strukturen in den Besatzungszonen zunächst nicht aufrechterhalten werden. Eine Übergangsregelung brachten die *„Willner-Briefe"* vom November 1952, in denen *Willner,* der Leiter der amerikanischen Dekartellisierungsbehörde die Tolerierung einer vertikalen Preisbindung für Verlagserzeugnisse ankündigte, falls diese im künftigen deutschen Kartellgesetz auch zulässig sein würde (*Füssel,* S. 96). Gestützt auf die *Willner-Briefe* ging die Praxis in der amerikanischen und britischen Zone zur Wiedereinführung der vertikalen Preisbindung über (*Fikentscher/Krauß* in GemK, § 15 Rn. 14). Nach Inkrafttreten des GWB im Jahre 1958 erlaubte § 16 a.F. dann auch zunächst die Preisbindung der zweiten Hand für Markenwaren und Verlagserzeugnisse. Daraufhin banden zunächst etwa 700 Verlage ihre Preise durch insgesamt vier ähnliche Sammelreverse. Gegen diese Preisbindungssysteme äußerte das Bundeskartellamt in den darauf folgenden Jahren Bedenken der verschiedensten Art. Nachdem Verhandlungen des Börsenvereins mit dem Bundeskartellamt gescheitert waren, erklärte dieses 1963/64, dass es den bisherigen Zustand nicht länger tolerieren wolle. Allerdings bestünden keine Bedenken gegen Preisbindungssysteme, die „den sich anschließenden Verlagsunternehmen nicht die Nivellierung der Nachlass- und Sonderpreisregelung auferlegten" (*Franzen,* Rn. 19).

12 **b) „Franzen-Revers".** Das dem Buchhandel über Jahrzehnte vertraute Sammelreverssystem entstand dann 1964/65: Angeregt durch den Börsenverein traten viele

Verlage an den Wiesbadener Rechtsanwalt *Hans Franzen* mit der Bitte heran, für sie einen kartellrechtlich unbedenklichen Sammelrevers zu entwerfen und ihre Preisbindung zu organisieren. Der „**Sammelrevers Franzen**“ trat zum 1. Januar 1966 in Kraft. Aufgrund des Schriftformerfordernisses nach § 34 GWB a.F. war ein einfacher Beitritt zum Sammelrevers nicht möglich, so dass zwei weitere Sammelreverse 1967 und 1968 eingeführt wurden. Durch die 2. GWB-Novelle 1973 wurde die vertikale Preisbindung für Markenwaren verboten, nachdem sich die zunehmende Verflechtung der europäischen Märkte immer problematischer auf die die deutsche Preisbindung für Markenwaren ausgewirkt hatte, da das EG-Kartellrecht vertikale Preisbindungen sowie Reimport-Schutzklauseln grundsätzlich verbietet. Nur die Preisbindung für Verlagserzeugnisse blieb weiterhin gem. § 16 GWB a.F. gestattet. An die Stelle der zuvor drei Sammelreverse trat am 1. Januar 1975 der **Sammelrevers 1974.** Diesem konnten seitdem mittels einer vom Bundeskartellamt gebilligten Vollmachtskonstruktion laufend weitere Verlage beitreten, ohne dass für sie neue Reverse eingeholt werden mussten: Der Reversvertrag vollzog sich nur noch zwischen den Preisbindungstreuhändern als Verlegerbevollmächtigten und dem Bevollmächtigten der gebundenen Sortimenter, so dass wechselseitig neu hinzukommende Verlage und Händler in das Sammelreverssystem einbezogen werden konnten, ohne dass stets tausende von Unterschriften der jeweils anderen Vertragsseite eingeholt werden mussten (*Franzen,* Rn. 20, 176f.).

2. Vom Sammelrevers zum BuchPrG

Das einfach, flexibel und gedanklich lückenlos gestaltete Preisbindungssystem von *Franzen* konnte nach der Wiedervereinigung im Jahre 1990 schnell und reibungslos auf die neuen Bundesländer übertragen werden. Die meisten von der Treuhand privatisierten, aus DDR-Zeiten verbliebenen oder neu gegründeten Verlage nutzten die Mög- 13 lichkeit, über den Sammelrevers ihre Händler-Kunden im gesamten Bundesgebiet zur Einhaltung der Preisbindung zu verpflichten. die Firmen des verbreitenden Buchhandels unterzeichneten den Sammelrevers ebenfalls, um mit preisgebundenen Büchern beliefert zu werden. Probleme gab es insbesondere im Hinblick auf die nicht gebundenen Altbestände aus DDR-Produktionen sowie auf Grund von Lizenz- und Vertriebsabgrenzungen zwischen Verlagen der ehemaligen DDR und der Bundesrepublik.

14 **a) Sammelrevers 1993.** Nach Bewältigung dieser Aufgabe stellte sich sogleich eine neue Herausforderung: Die EG- und EFTA-Staaten beschlossen am 22. Oktober 1991, den Europäischen Wirtschaftsraum EWR schon ab dem 1. Januar 1993 in Kraft zu setzen. Seinerzeit ging man auch von einem Beitritt der Schweiz zum EWR aus. Der EWR-Vertrag sah vor, dass die beigetretenen EFTA-Länder das EG-Kartellrecht einschließlich der Rechtsprechung des EuGH übernehmen sollten. Dieses erlaubt zwar nationale Preisbindung für Verlagserzeugnisse, verbietet aber Preisabsprachen über die Grenzen innerhalb der Gemeinschaft. Die Buchhändler in Österreich und der Schweiz befürchteten, dass ihre auf einer Marktordnung und Verbandsrecht beruhenden Preisbindungssysteme mit europäischem Gemeinschaftsrecht nicht vereinbar sein würden. Die deutschen Buchhändler wiederum befürchteten grenzüberschreitende Reimporte, die die vom Bundeskartellamt stets konsequent geforderte gedankliche Lückenlosigkeit der Preisbindung und damit deren Bestand gefährdet hätten. Nach intensiven Beratungen entschieden sich die Buchhändler aus Österreich und der Schweiz dafür, auch in ihren Ländern die Preisbindung für Verlagserzeugnisse auf ein Sammelreverssystem zu stützen.

15 Am 1. Januar 1993 trat der **„Sammelrevers 1993“** („Drei-Länder-Revers“) in Deutschland, Österreich und der Schweiz in Kraft. Die Buchhändler waren danach verpflichtet, die von den Verlagen in der jeweiligen Landeswährung festgesetzten Preise einzuhalten. Sonderbedin-

gungen, wie sie traditionell in den einzelnen Ländern bestanden, blieben erhalten. Aufgrund der grenzüberschreitenden Preisbindungsverträge lag ein Verstoß gegen Art. 85 EG-Vertrag a.F. auf der Hand. Aus diesem Grunde wurde der Sammelrevers am 18. März 1993 zum Zwecke der Freistellung bei der EU-Kommission angemeldet. In diesem Revers war zunächst eine Exportklausel enthalten, die deutsche Buchhändler verpflichtete, bei der Direktlieferung an österreichische und schweizerische Endkunden die für die jeweiligen Länder festgesetzten Preise zu berechnen. Entsprechend dem Verlangen der Kommission teilten die anmeldenden ca. 1550 am Revers beteiligten Verlage der Kommission im September 1993 jedoch mit, dass die Exportklausel zunächst nicht in Kraft trete. Zur Verringerung horizontaler Aspekte traten die sieben größten Verlagsgruppen aus dem Sammelrevers 1993 aus und banden über einen eigenen Revers (*Obert,* S. 185). Der Sammelrevers 1993 wurde von einem beachtlichen Teil der Literatur für freistellungsfähig gehalten (*Everling,* S. 60; *Hofmann,* GRUR 2000, 563 m.w.N.). Auch die Kommission erklärte im Sommer 1994 im Wege eines „Comfort Letter", es lägen hinreichende Gründe für eine Freistellung des Sammelreverses 1993 gem. Art. 85 Abs. 3 EGV a.F. vor: Die Preisbindung durch Sammelrevers fördere die Titelvielfalt, ein flächendeckendes System von Verkaufsstellen und eine angemessene Lagerhaltung, sie ermögliche eine umfassende Versorgung der Bevölkerung mit Verlagserzeugnissen aller Art. Damit trage der Sammelrevers nicht nur zu einer Verbesserung der Warenverteilung bei, sondern diene auch der Förderung des Buches als Kulturgut. Der Comfort Letter stellte eine Duldung der grenzüberschreitenden Preisbindung bis zur endgültigen Entscheidung durch die Brüsseler Kommission dar.

b) Sammelrevers 2000. In der Folgezeit änderte sich unter der Ägide des EU-Wettbewerbskommissars *Karel van Miert* die Haltung der Kommission komplett und wandelte sich in eine deutliche Ablehnung der Preisbindung. Den **16**

Sammelrevers 1993 hielt die Kommission nicht für freistellungsfähig. EU-Kommissar *van Miert* – nur noch kommissarisch im Amt, nachdem die gesamte EU-Kommission wegen Bestechungsvorwürfen zuvor zurückgetreten war – setzte die Entscheidung über den Drei-Länder-Revers auf die Tagesordnung der Kommissionssitzung am 14. Juli 1999. Er beabsichtigte eine Zurückweisung des Antrages auf Freistellung der grenzüberschreitenden Preisbindung durch den Sammelrevers 1993, was einem sofortigen Verbot der Preisbindung auf der Grundlage dieses Reverses gleichgekommen wäre. In der Sitzung vom 14. Juli 1999 hatte *van Miert* dann jedoch nicht die Mehrheit der Kommissare für die von ihm beabsichtigte Verbotsverfügung hinter sich (*Goldschmitt,* S. 45 f.). Da die Kommission jedoch auch unter dem neuen Wettbewerbskommissar *Mario Monti* einen Revers mit grenzüberschreitender Preisbindung als nicht freistellungsfähig ansah, wurde die Preisbindung in Deutschland durch einen neuen Sammelrevers 2000 „re-nationalisiert": Dieser Revers sah eine nur noch nationale Preisbindung vor, Reimporte fielen nur noch bei bezweckter Umgehung unter die Preisbindung. Dieser Revers wurde am 31. März 2000 bei der EU-Kommission zur Freistellung angemeldet. Am 10. Juni 2000 erklärte die Kommission, eine nationale Preisbindung beeinträchtige nicht spürbar den Handel zwischen den Mitgliedsstaaten i.S.v. Art. 81 Abs. 1 EGV, solange nach Deutschland reimportierte Bücher grundsätzlich nicht im Preis gebunden und in Deutschland gebundene Preise nur beim Umgehungszweck einzuhalten seien (ABl. 2000 C 152/25). Zur Absicherung dieser Regelung trat am 1. Juli 2000 in Deutschland das Gesetz zur Sicherung der nationalen Buchpreisbindung in Kraft, durch welches § 15 Abs. 1 GWB a.F. um die Sätze 2, 3 und 4 ergänzt und dort hervorgehoben wurde, dass auch Reimporte einer nationalen Preisbindung unterlägen, sofern sie der Umgehung der nationalen Preisbindung dienten (BGBl. I, S. 1634). Der Gesetzgeber verfolgte damit auch den Zweck, den Verlagen eine effektive Handhabe zum

Abstellen von Umgehungen der Preisbindung durch Reimporte zu sichern (*Klosterfelde/Metzlaff*, LB § 15 Rn. 76 a). Diese Regelung war schon vorher traditionelle Spruchpraxis des BKartA, bezüglich der Rechtsprechung des EuGH zum Erfordernis der Lückenlosigkeit eines selektiven Vertriebssystems bedurfte es hingegen einer Klarstellung (*Jungermann*, NJW 2000, 3190). Ebenfalls am 1. Juli 2000 trat in Österreich ein Gesetz in Kraft, das die Preisbindung national regelte (Anhang I).

c) Preisbindung durch Gesetz. Mit Schreiben der Kommission vom 17. April 2002 wurde der Sammelrevers 2000 sodann für EU-rechtlich unbedenklich erklärt. Dies allerdings erst, nachdem der Börsenverein eine Erklärung abgegeben hatte, wonach der deutsche Buchhandel die Frage, wann ein Reimport zur Umgehung der Preisbindung anzunehmen sei, sehr restriktiv handhaben würde. Zu diesem Zeitpunkt liefen bereits die Vorbereitungen für das BuchPrG. Der Börsenverein war bereits im Frühjahr 2001 auf Grund der seit Jahren anhaltenden und die Branche tief verunsichernden Auseinandersetzungen mit der Kommission mit der Bitte an den Gesetzgeber herangetreten, die Preisbindung durch ein nationales Gesetz anstelle des vertraglichen Systems zu regeln. Dabei wurde das Ziel verfolgt, die der Buchbranche vertrauten Regelungen des Sammelreverses – etwa zu Sonderpreisen, Schulbuch- und Bibliotheksnachlässen – soweit wie möglich zu erhalten und nunmehr gesetzlich zu regeln. Das Gesetz trat am 1. Oktober 2002 in Kraft. **17**

III. Preisbindung für Zeitungen und Zeitschriften

1. Möglichkeit zur Preisbindung

Für Zeitungen und Zeitschriften verbleibt es bei der durch § 15 GWB gesetzlich gestatteten vertraglichen Preisbindung; § 15 GWB regelt daher nur noch die Preisbin- **18** dung bei Zeitungen und Zeitschriften. Die Preisbindung für Zeitungen und Zeitschriften folgt nach Auffassung des Gesetzgebers aus der Verpflichtung des Staates, die Pressefreiheit zu schützen. Zur Pressefreiheit zählt auch der Vertrieb von Presseprodukten (BVerfGE 77, 346, 354f.). Die in § 15 GWB eröffnete Möglichkeit, Preise für Zeitungen und Zeitschriften zu binden, ohne eine Rechtspflicht hierzu anzuordnen, hat sich nach Auffassung des Gesetzgebers bewährt und soll in der bisherigen Form beibehalten werden (Begründung zu Art. 2). Traditionell erfolgt die Preisbindung für Publikumszeitungen und -zeitschriften über das Presse-Grosso (§ 15 GWB Rn. 8): Die Großhändler verpflichten sich gegenüber den Verlagen, dafür Sorge zu tragen, dass die von ihnen belieferten Händler die gebundenen Preise einhalten. Die Händler verpflichten sich durch Unterzeichnung eines Reverses gegenüber dem Grossisten, die über ihn bezogenen Zeitungen und Zeitschriften nur zu den aufgedruckten Endpreisen zu verkaufen. An diesem System dürfte sich auch künftig nichts ändern.

2. Preisbindung bei Fachzeitschriften

19 Die Herstellung und der Vertrieb von Publikumszeitungen und -zeitschriften sind weitgehend aus dem Buchmarkt herausgelöst. Lediglich die Fachzeitschriften wurden bislang – häufig von Buchverlagen – über die traditionellen Wege des Buchhandels und über das Abonnement vertrieben. Demgemäß erfolgte bis zum Inkrafttreten des Gesetzes zur Regelung der Preisbindung bei Verlagserzeugnissen die Preisbindung für Fachzeitschriften über den (Buchhandels)-Sammelrevers. Viele Verlage, die diesem Revers beigetreten waren, banden hierüber auch die Preise ihrer Fachzeitschriften gegenüber dem Buchhandel bei gleichzeitiger Verpflichtung, die festgesetzten Preise auch selbst gegenüber den Kunden zu berechnen. Allerdings haben eine Reihe von Verlagen auf eine Preisbindung ihrer Fachzeitschriften verzichtet, diese Möglich-

keit wollte man ihnen auch nach der neuen Gesetzeslage belassen. Nach Inkrafttreten des neuen Gesetzes müssen sich die Verlage von Fachzeitschriften nun entscheiden, ob sie die Preise ihrer Zeitschriften künftig binden wollen oder nicht. Denjenigen Verlagen, die sich für eine Preisbindung entscheiden, steht noch immer der Sammelrevers in einer entsprechend geänderten Fassung hierfür zur Verfügung.

IV. Vereinbarkeit des Gesetzes mit dem Recht der Europäischen Union

1. Ausgangslage

Zu den zentralen Aufgaben der Europäischen Gemeinschaft gehört nach Art. 3 lit. g) EG-Vertrag die Errichtung eines Systems, das den Wettbewerb innerhalb des Binnenmarktes vor Verfälschungen schützt. Diese Regelung wird flankiert von Art. 98 EG-Vertrag, dem Bekenntnis der Gemeinschaft zu einer offenen Marktwirtschaft mit freiem Wettbewerb. Ziel ist die Verwirklichung des Binnenmarktes durch freien Wettbewerb statt durch staatliche Eingriffe. Dieses Ziel soll erreicht werden insbesondere durch das Verbot von Zöllen und mengenmäßigen Beschränkungen bei der Ein- und Ausfuhr von Waren sowie aller sonstigen Maßnahmen gleicher Wirkung zwischen den Mitgliedstaaten (Art. 3 lit. a), 28 EG-Vertrag). Die Mitgliedsstaaten haben gem. Art. 10 Abs. 2 EG-Vertrag alle Maßnahmen zu unterlassen, welche die Verwirklichung einer offenen Marktwirtschaft mit freiem Wettbewerb gefährden könnten. Danach dürfen die Mitgliedsstaaten auch keine Gesetze oder Verordnungen erlassen, die den Zielen der Gemeinschaft gem. Art. 3 EG-Vertrag entgegenstehen. Hieran muss sich auch das deutsche BuchPrG messen lassen. Die Vorschriften über die Freiheit des Warenverkehrs sollen das Verbot staatlicher Beschränkungen des innergemeinschaftlichen Handels als 20 einer tragenden Säule der Wirtschaftsordnung der EU absichern. Darüber hinaus verbietet das europäische Kartellrecht in Art. 81 ff. EG-Vertrag Vereinbarungen und abgestimmte Maßnahmen zwischen Unternehmen und Verbänden, die den Handel zwischen den Mitgliedstaaten beeinträchtigen oder den Wettbewerb innerhalb des Gemeinsamen Marktes verfälschen. Das europäische Gemeinschaftsrecht ist für den grenzüberschreitenden Buchhandel innerhalb der Europäischen Union maßgeblich. Der zwischenstaatliche Handel umfasst dabei sowohl die Einfuhr ausländischer Bücher als auch die Ausfuhr von im Land verlegten Büchern einschließlich des Reimports. Die Frage der Übereinstimmung von Preisbindungsregelungen mit den Vorschriften des EG-Vertrages stellt sich beim Buchhandel vor allem innerhalb gleicher Sprachräume in der Europäischen Union, so auch für Deutschland und Österreich.

2. BuchPrG und freier Warenverkehr

21 Art. 81 und 82 EG-Vertrag sind auf gesetzliche Preisregelungen eines Mitgliedsstaates nicht direkt anwendbar, da es an einer Vereinbarung zwischen Unternehmen fehlt. Die den Wettbewerb beschränkende Wirkung eines Gesetzes kann jedoch ebenso groß sein wie die einer vertraglichen Vereinbarung. Daher ist der Gefahr, dass die Art. 81 und 82 EG-Vertrag durch staatliches Handeln umgangen werden, zu begegnen, indem geprüft wird, ob ein Verstoß gegen Art. 10 Abs. 2 in Verbindung mit Art. 3 lit. g) und 81 EG-Vertrag vorliegt. Ist dies der Fall, so verstößt das nationale Gesetz als eine den Wettbewerb einschränkende Regelung gegen Gemeinschaftsrecht. Dies setzt aber voraus, dass die einzelnen Tatbestandsmerkmale des Art. 81 EG-Vertrag geprüft werden, dass also auch eine „Vereinbarung“ vorliegt (*Obert,* S. 167 f.). Da ein Gesetz keine „Vereinbarung“ ist, ist zu prüfen, ob auch eine Maßnahme unter das Verbot der Art. 10 Abs. 2, 81 EG-Vertrag fällt, die eine Kartellabsprache lediglich überflüssig macht, also der „effet utile“ der Wettbewerbsregeln nicht beachtet wird (*Hofmann,* GRUR 2000, 559). Diese Frage hat der EuGH bislang stets verneint (EuGH Slg. 1993, I-5751, 5798, Rn. 21 f.; EuGH Slg. 1993, I-5801, 5849, Rn. 23 f.; EuGH Slg. 1993, I-5851, 5878 f., Rn. 13 ff.). Ein Mitgliedstaat verletze vielmehr dann seine Vertragspflichten, wenn er Kartellabsprachen von Unternehmen vorschreibe, erleichtere, deren Auswirkungen verstärke oder wenn er die Verantwortung für in die Wirtschaft eingreifende Entscheidungen privaten Wirtschaftsteilnehmern übertrage (EuGH Slg. 1988, 4769, 4791, Rn. 16). Keine dieser Voraussetzungen wird durch das BuchPrG erfüllt, so dass es mit Art. 10 Abs. 2, 81 EG-Vertrag vereinbar ist. Weiter: Art. 28 EG-Vertrag erfasst mit Maßnahmen gleicher Wirkung wie eine mengenmäßige Einfuhrbeschränkung jede Maßnahme, die geeignet ist, den Handelsverkehr zwischen den Mitgliedstaaten unmittelbar oder mittelbar tatsächlich oder potentiell zu behindern. Ein Erschwernis für den Handel zwischen den Mitgliedstaaten ist im BuchPrG durch die generelle Preisfestsetzung für den nur nationalen Bereich nicht enthalten. Das Gesetz bestimmt in § 4 ausdrücklich die Freistellung grenzüberschreitender Verkäufe innerhalb des Europäischen Wirtschaftsraumes von der Preisbindung.

a) Das „Leclerc-Urteil“ des EuGH. Die Vereinbarkeit **22**
nationaler Preisbindungsgesetze mit dem Grundsatz des freien Warenverkehrs nach Art. 28 EG-Vertrag wurde in der Entscheidung *Leclerc* vom Europäischen Gerichtshof ausdrücklich bestätigt (EuGH Slg. 1985, 1, 35; NJW 1985, 1615 ff.). Die Cour d'appel Poitiers hielt es als Berufungsinstanz für erforderlich, durch den EuGH prüfen zu lassen, ob das französische Preisbindungsgesetz vom 10. August 1981 geeignet sei, die Gemeinschaftsregelungen über den Wettbewerb im Gemeinsamen Markt zu beeinträchtigen, und ob die Wettbewerbsbeschränkungen auf Grund dieses Gesetzes nicht den Wettbewerb verfälschten. Nach Auffassung des EuGH verbiete Art. 5 Abs. 2 a. F. (Art. 10

Abs. 2 n.F.) in Verbindung mit den Artikeln 3 lit. f) a.F. (Art. 3 lit. g) n.F.) und 85 a.F. (Art. 81 n.F.) EG-Vertrag den Mitgliedsstaaten nicht den Erlass von Rechtsvorschriften, „nach denen der Endverkaufspreis der Bücher vom Verleger oder Importeur eines Buches festgesetzt werden muss und für jeden Einzelhändler verbindlich ist" (EuGH Slg. 1985, 1, 35, Rn. 31).

23 Der EuGH stellt in dieser Entscheidung fest, dass hinsichtlich der Buchpreisbindung die aus dem Zielgefährdungsverbot resultierenden Pflichten nicht hinreichend bestimmt seien, da es an einer gemeinsamen Wettbewerbspolitik mangele. Daher könne der Erlass von Maßnahmen zur Buchpreisbindung durch die Mitgliedstaaten „beim gegenwärtigen Stand des Gemeinschaftsrechts" nicht als Pflichtverstoß gewertet und ihnen folglich nicht verboten werden. Am Gemeinschaftsrecht hat sich seither in Bezug auf die Grundsätze der *Leclerc*-Entscheidung nichts geändert. Der EuGH bestätigte seine Rechtsprechung im Urteil „*Preisbindung bei Büchern*" vom 14. Juli 1988 (Rechtssache 254/87) und zuletzt in der *Echirolles*-Entscheidung vom 3. Oktober 2000, deren Entscheidungssatz lautet: „Die Artikel 3 Buchstaben c und g EG-Vertrag (nach Änderung jetzt Art. 3 Buchstaben c und g EG), 3a und 5 EG-Vertrag (jetzt Art. 4 EG und 10 EG) 7a Abs. 2 EG-Vertrag (nach Änderung jetzt Art. 14 Abs. 2 EG) sowie 102a und 103 EG-Vertrag (jetzt Artikel 98 und 99 EG) stehen nicht der Anwendung einer nationalen Regelung entgegen, die die Verleger verpflichtet, den Buchhändlern einen festen Preis für den Weiterverkauf von Büchern vorzuschreiben" (EuGH ZUM 2001, 64). Nationale Gesetze, welche die Preisbindung direkt herbeiführen, sind daher mit dem EG-Vertrag vereinbar, solange sie sich auf das Hoheitsgebiet des jeweiligen Staates beschränken; Preisbindungsgesetze mit grenzüberschreitender Wirkung können gegen Regelungen des EG-Vertrages verstoßen (*Wallenfels*, S. 77; *Langbein*, S. 215ff.).

b) Reimporte. Auch die für die Erhaltung eines jeden Preisbindungssystems lebenswichtige Frage innergemeinschaftlicher Reimporte hatte der EuGH im *Leclerc*-Fall zu beantworten. Der EuGH entschied, dass im Rahmen nationaler Rechtsvorschriften grundsätzlich solche Bestimmungen mit Gemeinschaftsrecht kollidierten, die für aus einem anderen Mitgliedsstaat reimportierte Bücher die Einhaltung des vom Verleger festgesetzten Verkaufspreises vorschrieben. Jedoch seien Rechtsvorschriften nicht zu beanstanden, die eine Einbeziehung von innergemeinschaftlich reimportierten Büchern in die nationale Preisbindung vorsähen, wenn sich aus objektiven Umständen ergebe, „dass diese Bücher allein zum Zwecke ihrer Wiedereinfuhr ausgeführt worden sind, um derartige Rechtsvorschriften zu umgehen" (EuGH Slg. 1985, 1, 35, Rn. 31). Dieser Rechtsprechung wurde die Reimport-Klausel des § 4 Abs. 2 BuchPrG nachgebildet, um von vornherein einen Gleichschritt zwischen dem deutschen Preisbindungsgesetz für Bücher und der Auslegung des Gemeinschaftsrechts durch den EuGH herzustellen (vgl. hierzu näher die Kommentierung zu § 4 Abs. 2). Festzuhalten bleibt daher, dass das deutsche BuchPrG und insbesondere dessen Reimport-Regelung in § 4 Abs. 2 mit Europäischem Gemeinschaftsrecht vereinbar ist. 24

3. Der kulturpolitische Auftrag der EU

Seit dem Maastricht-Vertrag ist es zudem Aufgabe der EU, einen Beitrag zur Entfaltung des Kulturlebens in den Mitgliedsstaaten unter Wahrung ihrer nationalen und regionalen Vielfalt zu leisten Art. 151 Abs. 4 EG-Vertrag). Dazu gehört die Sicherung der Existenz leistungsfähiger nationaler Buchmärkte, in denen sich die nationale und regionale Vielfalt der Kulturen der Mitgliedsstaaten entfalten kann. Auch das Europäische Parlament, der Rat und die Kommission haben sich mehrfach mit der Bedeutung des Buches und der Buchpreisbindung befasst (Begründung S. 4). In der „Entschließung des Rates betreffend 25 die Anwendung der einzelstaatlichen Systeme für die Festsetzung der Buchpreise“ (Dok. 2001/C 73/03) wird im 3. Erwägungsgrund darauf verwiesen, „dass es jedem Mitgliedstaat freisteht, im Rahmen seiner Politik zugunsten des Buches und der Lektüre ein nationales Buchpreisbindungssystem auf gesetzlicher oder vertraglicher Grundlage anzuwenden oder auch nicht“. Derzeit arbeitet auch das Europäische Parlament an einer Empfehlung an die Kommission zur Ausarbeitung einer Richtlinie über die Buchpreisbindung (2001/2061 [INC]).

V. Rechtsvergleich

1. Österreich

26 Die österreichische Verlagslandschaft ist wesentlich kleiner als in Deutschland: Importe deutscher Bücher machten 1996 rund 66 Prozent des Buchhandelsumsatzes aus. In Österreich galt bis 1993 eine verbandsrechtlich geregelte Preisbindung. Sie war verankert in der Verkehrs- und Verkaufsordnung des Hauptverbandes des österreichischen Buchhandels und wurde auch von ihr überwacht. Im Hinblick auf den Beitritt Österreichs zum EWR entschlossen sich die österreichischen Buchhändler und Verleger im Jahre 1993 zur Einführung des Sammelreverssystems mit grenzüberschreitenden Preisbindungsverträgen nach Deutschland und in die Schweiz. Hieran beteiligten sich 120 österreichische Verlage. Da Art. 81 EU-Vertrag grenzüberschreitende Preisbindungsregelungen grundsätzlich verbietet, da sich weiterhin die Brüsseler Kommission nicht bereit fand, die Preisbindung nach dem Sammelrevers 1993 gem. Art. 81 Abs. 3 EU-Vertrag freizustellen, da zudem in Österreich überwiegend aus Deutschland importierte Bücher verkauft werden, konnte die vertragliche Preisbindung in Österreich ohne grenzüberschreitende Wirkung nicht aufrechterhalten werden. Zum 1. Juli 2000

traten daher die bis dahin gültigen Preisbindungsverträge deutscher Verlage mit österreichischen Buchhändlern außer Kraft. Die Preisbindung für Bücher und Musikalien in Österreich regelt seither das „Bundesgesetz über die Preisbindung für Bücher" das – wie auch das deutsche BuchPrG – dem vom EuGH stets gebilligten französischen Preisbindungsgesetz („Loi Lang") nachgebildet wurde. Alle österreichischen Verleger sind danach verpflichtet, Letztverkaufspreise ihrer Verlagserzeugnisse für Österreich festzusetzen und bekannt zu machen, die Händler sind verpflichtet, diese Preise gegenüber ihren Endkunden zu berechnen (§§ 3 Abs. 1, 5 Abs. 1 ÖstBuchPrG). Die österreichischen Importeure ausländischer, vor allem also deutscher Verlagserzeugnisse dürfen den vom Verleger für den Verlagsstaat festgesetzten oder empfohlenen Preis oder den von einem Verlag außerhalb der EU für Österreich festgesetzten Preis abzüglich einer darin enthaltenen Umsatzsteuer nicht unterschreiten (§ 3 Abs. 3 ÖstBuchPrG). Zum Letztverkaufspreis ist die österreichische Umsatzsteuer hinzuzurechnen. Die österreichischen Ladenpreise für deutsche Bücher und Musikalien sind also vom Importeur auf der Basis der für Deutschland festgesetzten Preise zu berechnen. Zwar gibt es keine ausdrückliche zeitliche Begrenzung der Preisbindung in Österreich, allerdings sind die Händler an die festgesetzten Preise nicht mehr gebunden, wenn sie die betreffenden Bücher vor mehr als sechs Monaten geliefert bekamen und der Letztverkaufspreis vor mehr als 24 Monaten letztmals bekanntgemacht wurde (§ 5 Abs. 3 ÖstBuchPrG). Entsprechend dem französischen Gesetz sind auch die österreichischen Buchhändler berechtigt, einen generellen Preisnachlass von 5 % einzuräumen, der aber gem. § 5 Abs. 2 ÖstBuchPrG in der Werbung nicht angekündigt werden darf. Daneben gibt es – wie auch unter dem Sammelrevers 1993 – Preisnachlässe für Büchereien, Hörerscheine, Mängelexemplare sowie besondere Schulbuchregelungen.

2. Schweiz

27 In der Schweiz gibt es keinen einheitlichen Buchmarkt, stattdessen findet man drei weitgehend voneinander unabhängige Buchmärkte innerhalb der jeweiligen Sprachregionen. In der französischsprachigen Schweiz sind nur die Bücher Schweizer Verlage preisgebunden. Italienischsprachige Bücher unterliegen nicht der Preisbindung; da aber die italienischen Verleger ihren empfohlenen Ladenpreis auf die Bücher aufdrucken, weichen die Buchhändler im Regelfall hiervon nicht ab. In der deutschsprachigen Schweiz beruhte der feste Ladenpreis bis zum Jahre 1993 auf Verbandsrecht. Besondere Bedeutung kommt hier seit jeher den Büchern deutscher Verlage zu, die etwa 80% des schweizerischen Sortiments ausmachen (Börsenblatt 53/1992, S. 8f.) Der schweizerische Buchhändler nahm den deutschen Ladenpreis als Grundlage für die Umrechnung in sFr gemäß der Währungstabelle. Hierbei wurde die deutsche Mehrwertsteuer nicht herausgerechnet; das schweizerische Sortiment deckte hiervon Kosten wie Transport, höhere Mieten und teurere Lebenshaltung ab. Seit dem 1. Oktober 1993 beteiligten sich die schweizer Verleger und Buchhändler am „Drei-Länder-Revers“, dem Sammelrevers 1993. Nachdem die Preisbindung in Deutschland und in Österreich nunmehr gesetzlich geregelt ist, ist die Schweiz das einzige Land im deutschsprachigen Raum mit einer vertraglichen Preisbindung nach dem Sammelrevers 2000 (Anhang I). Da die Schweiz nicht der EU angehört, sind grenzüberschreitende Preisbindungsverträge zu deutschen oder österreichischen Verlagen nach Art. 81 EU-Vertrag nicht zu beanstanden. Demgemäß können deutsche Verlage für die Schweiz Frankenpreise festsetzen, die vom örtlichen Buchhandel auf Grund der vertraglichen Bindung einzuhalten sind. Hierbei legen die Verlage eine Umrechnungstabelle zugrunde, die vom Verleger-Ausschuss des Börsenvereins in Abstimmung mit dem Schweizer Preisüberwacher erarbeitet wurde (*Goldschmitt,* S. 53). Diese Tabelle dient der Begrenzung der

strukturell bedingt höheren Buchpreise in der Schweiz und wird regelmäßig den Wechselkursveränderungen angepasst. Ausgelöst durch das langjährige Preisbindungsverfahren vor der Brüsseler Kommission hat auch die Schweizer Wettbewerbskommission die Preisbindung für Verlagserzeugnisse in der Schweiz generell als unzulässige Wettbewerbsabrede qualifiziert und für unzulässig erklärt. Diese Entscheidung wurde von der Rekurskommission bestätigt. Das Schweizer Bundesgericht hat jedoch am 14. August 2002 der Beschwerde des Schweizerischen Buchhändler- und Verlegerverbandes SBVV sowie des Börsenvereins stattgegeben und die Entscheidung der Rekurskommission aufgehoben. Der Fall wurde zur Neubeurteilung an die Wettbewerbskommission zurückgewiesen (Urteil 2 A 298/2001). Die vertragliche Preisbindung in der Schweiz ist also weiterhin wirksam.

3. Frankreich

Seit 1953 ist in Frankreich die vertikale Preisbindung für alle Waren untersagt. Die französischen Verleger konnten daher nur Empfehlungen für die Endverkaufspreise ihrer Bücher geben, an die sich die Buchhändler indes meist hielten. Es handelte sich in Frankreich demgemäß bis 1979 nicht um ein klassisches Preisbindungssystem für Bücher, sondern um Preisrichtlinien. Die Handelsgruppe *FNAC* warb dann seit Mitte der 70er Jahre mit einem 20 %igen Rabatt auf alle Bücher und löste damit einen Preiskrieg im französischen Buchhandel aus. Im Jahre 1979 erließ der damalige Wirtschaftsminister *Monroy* auf Druck des französischen Buchhändlerverbandes ein Verbot der Veröffentlichung von Richtpreisen, um der Großhandelsgruppe FNAC die Grundlage ihrer Werbemaßnahmen zu entziehen. Die Folgen waren verheerend: Kleine und mittlere Buchhandlungen gerieten in eine Existenzkrise. Während sich populäre Titel verbilligten, verteuerte sich der durchschnittliche Buchpreis um 16,5 % (*Goldschmitt,* S. 54). Da die Buchhändler dementspre- 28 chend ihr Angebot reduzierten und auf leicht verkäufliche Literatur konzentrierten, kam es zu eine Verminderung der Sortimentsbreite. Schon kurze Zeit später griff Kulturminister *Lang* mit dem nach ihm benannten Preisbindungsgesetz, der „Loi Lang" ein, durch welches die Preisbindung für Bücher gesetzlich verankert wurde. Die Festpreise werden in Katalogen und auf den Büchern veröffentlicht, außerdem hat der Buchhändler die Möglichkeit, bis zu 5 % Nachlass zu gewähren. Die Verleger müssen einen Endpreis festsetzen, die Preise importierter Bücher müssen vom Importeur festgesetzt werden. Zwei Jahre nach Erscheinungsdatum wird dann die Preisgestaltung freigegeben. Buchclubs und Versandbuchhandlungen dürfen nach Ablauf einer neunmonatigen Frist für ihre Titel Sonderpreise erheben.

4. Großbritannien

29 In Großbritannien ist die vertikale Festsetzung für Preise bei allen Waren grundsätzlich verboten. Gem. Sec. 14 (1) und (2) Resale Prices Act 1976 kann der Restrictive Practice Court jedoch Ausnahmen zulassen, wenn ohne Preisbindungssystem bestimmte Nachteile für die Allgemeinheit zu befürchten wären. Solche Ausnahmeverfügungen wurden in den Jahren 1962, 1964 und 1968 für das britische Buchpreisbindungssystem, das Net-Book-Agreement von 1957. Dieses beruhte auf einer Vereinbarung der britischen Verleger, Bücher nicht unterhalb des festgesetzten Preises zu verkaufen und diese Preisbindung durchzusetzen. Im Jahre 1995 sagte sich jedoch ein Großteil der Verleger vom Net-Book-Agreement los und setzte dieses damit faktisch außer Kraft. Den endgültigen Todesstoß erhielt die Preisbindung in Großbritannien durch die Entscheidung des Restrictive Practice Court, der am 13. März 1997 seine Ausnahmeverfügungen aufhob und dem Net-Book-Agreement damit die rechtliche Grundlage entzog (*Obert*, S. 4). Seitdem gibt es in Großbritannien keine gebundenen Ladenpreise für Bücher mehr.

5. USA

Der amerikanische Buchmarkt ist mit dem deutschen auf Grund gänzlich unterschiedlicher Traditionen und Strukturen nicht vergleichbar. Das Buch gilt als Ware wie andere auch, Bestrebungen zur Einführung einer Preisbindung haben sich im Hinblick auf das amerikanische Antitrustrecht nie durchsetzen können. Die Möglichkeit der Preisempfehlung wird auch von den amerikanischen Verlagen genutzt, sie ist in einem überaus harten Preiswettbewerb jedoch vielfach nicht mehr als ein Marketinginstrument der Buchhandelsketten. Die Titelzahl der Bücher ist pro Kopf der Bevölkerung um ein Vielfaches geringer als in Deutschland, der Durchschnittspreis pro Titel wesentlich höher. Lediglich Bestseller sind günstiger zu haben. Die Verlagslandschaft ist in den USA von Konzentration geprägt, im Buchhandel haben riesige Buchkaufhäuser („Superstores") die kleinen Buchhandlungen fast völlig verdrängt und beherrschen den Markt. Bei rund 260 Millionen Einwohnern bedeutet die Existenz von 500 Superstores, dass sich 520 000 Einwohner eine Buchhandlung teilen (Börsenblatt 54/1998, S. 19). Die großen Buchhandelsketten bestimmen auf Grund ihrer Marktmacht bei wenigen Einkäufern über Erfolg oder Misserfolg von Neuerscheinungen: Was keinen Verkaufserfolg verspricht, wird nicht gelistet, was nicht gelistet wird, wird kein Erfolg. Hierdurch regieren die Buchketten die Programmentscheidungen der Verlage, die Titelgebung und Covergestaltung, auch lassen sie sich den Platz im Regal von den Verlagen bezahlen. 30

VI. Gesetzgebungskompetenz

Die Gesetzgebungskompetenz des Bundes für das BuchPrG ergibt sich aus Art. 74 Abs. 1 Ziff. 11, 72 Abs. 2, 2. Alt. GG. Der Begriff „Recht der Wirtschaft" ist nach der ständigen Rechtsprechung des Bundesverfas- 31 sungsgerichts weit auszulegen (BVerfGE 41, 344, 352; 55, 274, 308). Dieses Sachgebiet umfasst alle das wirtschaftliche Leben und die wirtschaftliche Betätigung als solche regelnden Vorschriften, die sich in irgendeiner Form auf die Erzeugung, Herstellung und Verteilung von Gütern des wirtschaftlichen Bedarfs beziehen (BVerfGE 8, 143, 148 f.). Die Vorschriften des BuchPrG sind auf den Vertrieb des Wirtschafts- (und Kultur-)gutes Buch bezogen. Deshalb werden sie von dem Sachgebiet „Recht der Wirtschaft“ umfasst. Dieses Sachgebiet umfasst nach der Rechtsprechung auch Gesetze, die ordnend und lenkend in das Wirtschaftsleben eingreifen (BVerfGE 4, 7, 13). Daher zählt das Bundesverfassungsgericht hierzu auch die Bestimmungen über den wirtschaftlichen Wettbewerb (BVerfGE 26, 246, 254). Das BuchPrG dient der Wahrung der Wirtschaftseinheit. Ziel ist die Schaffung bundesweit einheitlicher Bedingungen für den Vertrieb von Büchern. Auch ist der Bund i. S. d. Art. 72 Abs. 2 GG zur Inanspruchnahme der Gesetzgebungskompetenz berechtigt: Die Gewährleistung einer bundesweit flächendeckenden Versorgung aller Bevölkerungsschichten mit Büchern als dem bedeutendsten Kulturgut liegt im gesamtstaatlichen Interesse. Die Preisbindung führt auch dazu, dass eine Vielzahl kleiner und mittlerer Verlage und ein dichtes Netz von Buchhandlungen auf dem Markt existieren können. Sie gewährleistet ein Vielfältiges Angebot und das Erscheinen auch von Büchern, die kulturell bedeutsam, jedoch nur für kleine Leserkreise von Interesse sind. Der Markt für Bücher ist dabei nicht von den Besonderheiten eines Bundeslandes geprägt. Die Regelungen des BuchPrG sind auch notwendig, um das Ziel der flächendeckende Versorgung der Bevölkerung zu erreichen, wofür das Bestehen eines breit strukturierten und effizient organisierten Buchmarktes Voraussetzung ist. Durch die Preisbindung wird ein moderates Preisniveau für die Breite des Buchangebots gesichert. Das Gesetz verhindert insgesamt eine Negativentwicklung, die im gesamten Bundesgebiet in gleicher oder ähnlicher Weise zu befürchten wäre. Landesrechtliche Regelungen zur Buchpreisbindung wären sinnlos. Die Gesetzgebungskompetenz des Bundes zur Änderung des § 15 GWB ergibt sich ebenfalls aus Art. 74 Abs. 1 Ziff. 11 in Verbindung mit Art. 72 Abs. 2, 2. Alt. GG. Die Änderung ist erforderlich, weil sie der Anpassung des § 15 Abs. 1 GWB an die Rechtsprechung des Bundesgerichtshofes zum Begriff der „Verlagserzeugnisse" dient. Diese muss bundeseinheitlich kodifiziert werden.

§ 2 Anwendungsbereich

(1) **Bücher im Sinne dieses Gesetzes sind auch**

1. **Musiknoten,**
2. **kartographische Produkte,**
3. **Produkte, die Bücher, Musiknoten oder kartographische Produkte reproduzieren oder substituieren und bei Würdigung der Gesamtumstände als überwiegend verlags- oder buchhandelstypisch anzusehen sind sowie**
4. **kombinierte Objekte, bei denen eines der genannten Erzeugnisse die Hauptsache bildet.**

(2) **Fremdsprachige Bücher fallen nur dann unter dieses Gesetz, wenn sie überwiegend für den Absatz in Deutschland bestimmt sind.**

(3) **Letztabnehmer im Sinne dieses Gesetzes ist, wer Bücher zu anderen Zwecken als dem Weiterverkauf erwirbt.**

Übersicht

I. Gesetzgeberischer Zweck

1 In § 2 Abs. 1 und 2 wird definiert, welche Verlagserzeugnisse unter das Buchpreisbindungsgesetz fallen. Da die Preisbindung immer nur im Verhältnis zum Letztabnehmer gilt, enthält Abs. 3 auch hierzu eine Definition. Nach § 15 GWB a. F. waren „Verlagserzeugnisse" preisbindungsfähig und damit vom Verbot von Preisvereinbarungen gem. § 14 GWB ausgenommen. Verlagserzeugnisse waren danach solche Erzeugnisse, die traditionsgemäß durch den Buchhandel vertrieben wurden. Hierzu gehörten Bücher, Zeitungen und Zeitschriften, Musikalien, Kalender und Kunstblätter, aber auch Atlanten, Landkarten, Globen, Ansichts- und Glückwunschkarten, sogar Schnittmuster (*Franzen*, Rn. 35). In jüngerer Zeit hat der BGH den Begriff des Verlagserzeugnisses ausgedehnt und darunter auch neuartige Produkte gefasst, wenn und soweit durch sie herkömmliche Verlagserzeugnisse substituiert würden (BGH NJW 1997, 1911, 1914 – NJW auf CD-ROM). Das „Gesetz zur Regelung der Preisbindung bei Verlagserzeugnissen" bezieht sich seinem Titel nach zwar auf Verlagserzeugnisse, erwähnt diesen Begriff selbst indes nicht mehr. Das Gesetz unterscheidet nur noch zwischen „Büchern" i. S. d. § 2 Abs. 1, die nach den Regelungen des BuchPrG preisgebunden sein müssen, und „Zeitungen und Zeitschriften" die nach § 15 Abs. 1 GWB – wie bislang – von den Verlagen gebunden werden können. Dies bedeutet, dass einige bislang preisbindungsfähige Verlagserzeugnisse, die weder „Buch" im vom Gesetz definierten weiten Sinne, noch Zeitung oder Zeitschrift sind, künftig zwingend von der

Preisbindung ausgeschlossen sind. Hierzu gehören insbesondere die bereits erwähnten Kalender (sofern sie keine Bücher sind), Kunstblätter, Ansichts-, Glückwunsch- und Spielkarten sowie Schnittmuster. Nach dem Willen des Gesetzgebers sollen die von der Rechtsprechung entwickelten Definitionen insbesondere zu Abgrenzungsfragen ihre Gültigkeit behalten (Begründung zu § 2 BuchPrG).

II. Was unterliegt der Preisbindung?

1. Bücher

Das BuchPrG bezieht sich in erster Linie auf Bücher, 2
wobei der Gesetzgeber dies für so selbstverständlich hielt, dass eine ausdrückliche Einbeziehung von Büchern in den Anwendungsbereich des Gesetzes in § 2 unterblieben ist. Das Gesetz beschränkt sich auf die Festlegung derjenigen Produkte, die wie Bücher behandelt werden und demgemäß unter das BuchPrG fallen. Ein Buch ist eine in einem Umschlag oder Einband durch Heftung oder Klammerung zusammengefasste Anzahl von bedruckten, beschriebenen oder leeren Papierblättern oder Bogen. Bücher sind demnach insbesondere solche mit festem Einband, aber auch Taschenbücher, Paperback-Ausgaben, Reader, Comics etc. Bildkalender sind keine Bücher, da es ihnen an einem Einband oder Umschlag mangelt. Der Preisbindung unterliegen hingegen Lose-Blatt-Sammlungen und deren Nachlieferungen, die als Buchbestandteile zur Einfügung in das Grundwerk vorgesehen sind (BT-Drucks. 14/9422, S. 11). Unter das BuchPrG fallen nur solche Bücher, die als verlags- oder buchhandelstypisch anzusehen sind, also aus Verlagen stammen und sich für den Vertrieb über den Buchhandel eignen: Keine Bücher sind demgemäß private Dissertationsdrucke sowie Akademie-, Vereins- und Firmenschriften. Auf einen urheberrechtlichen Schutz oder die urheberrechtliche Schutzfähigkeit kommt es grundsätzlich nicht an (*Klosterfelde/Metzlaff*, LB § 15 Rn. 15). Unschädlich ist auch der Vertrieb der Bücher über Ver-

kaufsstellen außerhalb des Buchhandels, wie etwa über Großmärkte. Der Preisbindung unterliegen demgemäß auch die Bücher solcher Verlage, die großteils oder ausschließlich über solche Nebenmärkte verkaufen. Entscheidend ist lediglich, dass die Erzeugnisse als Bücher zum traditionellen Sortiment des Buchhandels und des buchhändlerischen Vertriebssystems gehören.

2. Musiknoten (Abs. 1 Nr. 1)

3 Zu den Büchern im Sinne des BuchPrG gehören auch Musiknoten. Diese waren auch nach § 15 GWB a.F. preisbindungsfähig (BGH NJW 1997, 1911, 1912 – NJW auf CD-ROM). Obwohl sie keine Bücher sind, werden sie in preisbindungsrechtlicher Hinsichtlich als solche behandelt und unterfallen dem Anwendungsbereich der Preisbindung. Musiknoten sind Vervielfältigungen von Werken der Musik, die grafisch, fotografisch, durch Fotokopie, Lichtpausverfahren, Mikrokopie oder handschriftlich hergestellt sind. Auf die äußere Gestalt und die Verarbeitung kommt es nicht an. Sammlungen von Liedern, Chören oder Notenkartenspielen fallen daher ebenfalls unter den Begriff der Musiknoten (Begründung zu § 2 Abs. 1). Das österreichische Buchpreisbindungsgesetz bezieht in den Anwendungsbereich des § 1 hingegen „Musikalien" ein. Damit gemeint sind jedoch ebenfalls nur Noten, nicht etwa Tonträger (*Sehrschön/Willheim*, S. 6).

3. Kartographische Produkte (Abs. 1 Nr. 2)

4 Hierunter versteht man maßstäbliche Wiedergaben der Erdoberfläche auf Grund von Vermessungen, Berechnungen oder fotogrammetrischen Aufnahmen. Der Preisbindung unterliegen damit insbesondere Atlanten, Landkarten und Globen (*Franzen*, Rn. 35).

4. Buchnahe Produkte (Abs. 1 Nr. 3)

5 Der Preisbindung unterliegen auch solche Produkte, die Verlagserzeugnisse reproduzieren oder substituieren. Vor-

aussetzung ist, dass sie bei Würdigung der Gesamtumstände als überwiegend verlags- oder buchhandelstypisch anzusehen sind. Diese Regelung entspricht auch der Neufassung von § 15 Abs. 1 S. 2 GWB für die Preisbindung von Zeitungen und Zeitschriften. Das deutsche BuchPrG unterscheidet sich insoweit vom österreichischen, das die Preisbindung lediglich auf das klassische Buch in Druckform beschränkt (*Sehrschön/Willheim*, S. 6). Der deutsche Gesetzgeber beabsichtigte ausdrücklich eine Kodifizierung der bisher hierzu ergangenen Rechtsprechung des Bundesgerichtshofs. Grundsätzlich muss danach bei jedem einzelnen Erzeugnis nach seinem Inhalt, seinem Zweck, der überkommenen Herstellungsweise und Vertriebsmethode geprüft werden, ob es gerechtfertigt ist, dieses in die Preisbindung einzubeziehen (BGH WuW/E 1463, 413 – Briefmarkenvordruckalben). Der Begriff des „Buches“ i.S.d. Abs. 1 ist demgemäß auch „für neue technische Entwicklungen offen und erfasst grundsätzlich auch neuartige Produkte, wenn und soweit durch sie herkömmliche Verlagserzeugnisse substituiert werden“ (BGH NJW 1997, 1911, 1913 – NJW auf CD-ROM). Die Bedeutung des Vertriebsweges tritt daher zumindest bei neu eingeführten Produkten zurück, da noch nicht abzusehen ist, über welche Vertriebswege solche Produkte in erster Linie abgesetzt werden.

a) Reproduktionen. Der Preisbindung unterfallen auch die Wiedergaben und Nachbildungen von Büchern, Musikalien oder kartographischen Produkten mittels regelmäßig graphischer, photomechanischer oder digitaler Vervielfältigungsverfahren. Auf die Art und Weise der Herstellung kommt es nicht maßgeblich an. Insbesondere erfolgt keine Beschränkung auf Produkte, die aus bedrucktem Papier bestehen (BGH NJW 1979, 1911, 1912f. – NJW auf CD-ROM). Viele Reproduktionen – etwa Reprints oder Faksimiles – unterliegen als selbstständige Bücher, Musiknoten oder kartographische Produkte ohnehin der Preisbindung. Die Regelung des Abs. 1 Nr. 3 zielt 6 demgemäß nur auf solche Reproduktionen ab, die ihrerseits keine selbstständigen Bücher, Musiknoten oder kartographischen Produkte sind. Der Preisbindung unterliegen demgemäß die Briefmarkenvordruckalben (BGH WuW/E 1463) sowie stark verkleinerte Wiedergaben von Originalen auf belichtetem Transparentmaterial wie Mikrofilm und Mikrofiche (*Franzen*, Rn. 36). Alle Mikroausgaben erfordern spezielle Lesegeräte, haben aber regelmäßig eine mit bloßem Auge lesbare Titel- und Inhaltsangabe. Sprachkassetten und Hörbücher sind als Tonträger nicht preisgebunden, ebenso wenig Lernmittel wie Karteikarten, Schablonen und Diapositive, die ihrerseits keine Reproduktionen von Büchern i. S. d. Abs. 1 Nr. 1 und 2 darstellen.

7 **b) Substitutionen.** In seiner richtungsweisenden Entscheidung „NJW auf CD-ROM“, auf welcher die gesetzliche Regelung nun basiert, hat der BGH einer textorientierten **CD-ROM** die Preisbindungsfähigkeit zuerkannt und sich zugleich gegen eine historisch-restriktive und für eine entwicklungsoffene Interpretation des Begriffes des Verlagserzeugnisses entschieden. Das Urteil ist überwiegend auf Zustimmung gestoßen (*Bunte*, NJW 1997, 3127 ff.; *Fezer*, NJW 1997, 2150 ff.; abl.: *Ahrens/Jänich*, GRUR 1998, 599 ff.) Gegen die Entscheidung wurde eingewandt, das Privileg der Preisbindung könne nur Büchern und sehr buchnahen Produkten zugute kommen, da der Gesetzgeber aus kulturpolitischen Erwägungen nur diese Verlagserzeugnisse vom Verbot der Preisbindung habe ausnehmen wollen. Die Argumente zum Schutze des „Kulturgutes Buch“ griffen bei einem Datenträger nicht durch (*Ahrens/Jänich*, GRUR 1998, 599 f.). Durch § 2 Abs. 1 Ziff. 3 BuchPrG ist nun gesetzlich festgelegt, dass auch Buchsubstitute zu den von der Buchpreisbindung erfassten Produkten gehören. Dabei ist festzuhalten, dass die Produkte der neuen Kommunikationstechnologie und solche, die Buchbearbeitungen darstellen, nicht allgemein als preisbindungsfähig angesehen werden können. Denn dann wä-

re auch eine Vielzahl von Film-Videos, Märchenkassetten etc. im Preis zu binden, was dem Zweck der Preisbindung widerspräche (*Fezer,* WRP 1994, 669, 676).

Für die Anwendung der Preisbindung kommt es hier also darauf an, ob ein Produkt nach seiner Eigenart dazu bestimmt ist, Bücher, Musiknoten oder kartographische Produkte zu ersetzen. Entscheidend ist, ob das neue technische Produkt grundsätzlich geeignet ist, die auf ein herkömmliches, gedrucktes Erzeugnis gerichtete Nachfrage ganz oder teilweise zu befriedigen. Ein Produkt ist dann als Buchsubstitut im Preis zu binden, wenn es Lesestoff, Noten oder Kartenmaterial enthält, die dem Benutzer typischerweise in herkömmlichen Druckerzeugnissen zur Verfügung stehen (BGH NJW 1997, 1911, 1913 – NJW auf CD-ROM). Die Schrift, die Lesbarkeit oder Bildhaftigkeit des neuen Produkts ist dabei unverzichtbar *(Fezer,* WRP 1994, 669, 676). Dabei reicht es aus, dass die substituierende Wirkung eines Produkts nach dessen Eigenart zu bejahen ist: Es bedarf daher keines vorab erschienenen, gedruckten Buchäquivalents. Voraussetzung ist lediglich, dass das substituierende Produkt ein Erzeugnis darstellt, das auch als Buch, Musikalie oder als kartographisches Produkt vorstellbar wäre. Ob ein solches tatsächlich in herkömmlicher Form existiert, ist hingegen nicht von Bedeutung (a. A. *Huppertz,* GRUR 1998, 990). Dies wird insbesondere bei der Anwendung des § 15 Abs. 1 S. 2 GWB n. F. augenfällig: Viele Fachzeitschriften erscheinen gar nicht mehr in gedruckten Ausgaben. Die digital verfügbaren Ausgaben ersetzen somit gar nicht vorhandene Druckausgaben, sind aber dennoch geeignet, die insoweit bestehende Nachfrage zu befriedigen. Der Preisbindung unterliegen somit insbesondere textorientierte CD-ROM, die aber durchaus auch über Datenbanken und Suchfunktionen verfügen können (BGH NJW 1997, 1911, 1913 – NJW auf CD-ROM). **8**

Die Preisbindungsfähigkeit elektronischer Produkte mit ergänzenden Multimedia-Anwendungen – wie etwa Filmeinspielungen, Musik oder interaktiven Funktionen – hat **9** der Bundesgerichtshof offen gelassen. Da jedoch nach ganz einhelliger Meinung Tonträger und Bildtonträger (Videos etc.) auch dann nicht der Preisbindung unterliegen können, wenn sie Buchinhalte in anderer Form wiedergeben, wird man die Preisbindungsfähigkeit multimedialer Produkte auf Datenträger eher restriktiv handhaben müssen. Im Gegensatz zu den stets gebundenen rein textorientierten CD-ROM ist die Preisbindung für Datenträger mit multimedialen Inhalten nur gerechtfertigt, wenn die multimedialen Faktoren im Verhältnis zum Text eine untergeordnete, nur veranschaulichende, die Wahrnehmung erleichternde oder sonstwie dienende Funktion haben. Auf die körperliche Form des Buchsubstituts kommt es nicht an, so dass nicht nur CD-ROM, sondern auch Disketten und zum kostenpflichtigen Download bestimmte Buchangebote im Internet grundsätzlich preisbindungsfähig sind. Da im Internet erscheinende Verlagserzeugnisse regelmäßig vom Verlag direkt an den Endkunden verkauft werden, dürfte die Bindung von Online-Angeboten zumindest vorerst kaum vorkommen: Die Bindung von Preisen macht nur dann Sinn, wenn außer dem Verlag auch noch andere Händler in das Distributionssystem des Verlages eingebunden sind. Dies ist bei Online-Angeboten aber regelmäßig nicht der Fall. Entscheidend ist die überwiegende Schriftform oder Bildhaftigkeit des Substituts, auch wenn es hierfür besonderer Gerätschaften, also etwa eines PCs bedarf (BGH NJW 1997, 1911, 1913 – NJW auf CD-ROM). Letztlich stellt somit auch der BGH, dessen Rechtsprechung nunmehr nach dem ausdrücklichen Willen des Gesetzgebers kodifiziert worden ist, auf die Texterstellung und die Informationsvermittlung durch Lesestoff ab. Auch bei der Begriffsbestimmung der Substitutionsprodukte wird man sich künftig auf das ursprüngliche Merkmal eines jeden Verlagserzeugnisses, dessen „Archetypus“ das Buch ist und bleibt, besinnen müssen (*Fezer*, NJW 1997, 2150, 2152).

c) Verlags- oder buchhandelstypische Produkte. Sämtliche Reproduktionen und Substitutionen von Büchern, Musiknoten oder kartographischen Produkten unterliegen stets nur dann der Preisbindung, wenn sie als überwiegend verlags- oder buchhandelstypisch anzusehen sind. Es muss sich somit um Produkte handeln, die entweder üblicherweise von Buch-, Musik- oder kartographischen Verlagen hergestellt werden oder die ihrer Eigenart nach typischerweise über den Buch- oder Musikalienhandel vertrieben werden. Ein Buch, das von einem Verlag ausschließlich für den Vertrieb über Nebenmärkte vorgesehen ist, ist als „verlagstypisch" preisgebunden. Umgekehrt wäre etwa ein Ausstellungskatalog oder eine Firmenfestschrift, die nicht von einem Verlag hergestellt, jedoch überwiegend über den Buchhandel verbreitet wird, der Preisbindung zu unterziehen. Der regelmäßig nur geringe Einsatz typisch buchhändlerischer Funktionen, etwa bei Schulbuch-Sammelbestellungen der öffentlichen Hand, steht der Preisbindung nicht entgegen (BGH NJW 1986, 1256, 1257 – Schulbuch-Preisbindung). 10

d) Würdigung der Gesamtumstände. Entscheidend ist somit auch künftig, dass die Erzeugnisse zu den traditionellen Produkten der Verlage und zu dem traditionellen Sortiment des Buchhandels und des buchhändlerischen Vertriebssystems gehören (*Klosterfelde/Metzlaff*, LB § 15 Rn. 15). Bei neuen Produkten tritt die Bedeutung des Vertriebsweges zurück, da anfangs noch nicht abzusehen ist, über welche Vertriebswege solche Produkte in erster Linie abgesetzt werden (BGH NJW 1997, 1911, 1913 – NJW auf CD-ROM). Wesentlich bei der Begriffsbestimmung der Reproduktions- und insbesondere der Substitutionsprodukte ist, das Buch als das durch die Preisbindung in erster Linie zu privilegierende Kulturgut zum Ausgangspunkt aller Überlegungen zu machen (*Fezer*, NJW 1997, 2150, 2152). In welcher Gestalt ein Substitutionsprodukt auch daherkommt, das Buch muss in seiner kulturellen Einzigartigkeit noch immer durchscheinen. 11

5. Kombinierte Objekte (Abs. 1 Nr. 4)

12 Preisbindungsfähig sind kombinierte Objekte aus Verlagserzeugnissen und sonstigem Material, wenn es sich bei der Hauptsache um ein Buch, um Musiknoten oder ein kartographisches Produkt handelt. Notwendig und ausreichend ist, dass das Kombinationsangebot eine Funktionseinheit darstellt (*Fezer,* WRP 1994, 669, 676). Dabei muss die Nebensache im Verhältnis zur Hauptsache eine dienende Funktion haben: Dies ist etwa der Fall bei Computerbüchern mit Demonstrationsdisketten, Sprachlehrbüchern mit Übungskassetten oder einem Kochbuch mit einem Videoband, das die Zubereitung der Speisen optisch veranschaulicht (*Klosterfelde/Metzlaff*, LB § 15 Rn. 20; *Franzen*, Rn. 36). Nicht preisgebunden sind hingegen kombinierte Objekte, bei denen das bindungsfähige Verlagserzeugnis im Hinblick auf seinen Wert oder Informationsgehalt eine eher untergeordnete Funktion hat, wie dies bei einem Computerprogramm mit mitgeliefertem Handbuch der Fall ist (*Klosterfelde/Metzlaff*, LB § 15 Rn. 20). Voraussetzung für die Bindungsfähigkeit ist also stets, dass die beigefügte Nebensache die Hauptsache mit einem zusätzlichen Informationsgehalt versieht und damit ergänzt oder veranschaulicht (*Mann*, WRP 1997, 1139, 1142; *Emmerich*, IM § 15 Rn. 10; OLG München AfP 1996, 79; a.A. *Klosterfelde/Metzlaff*, LB § 15 Rn. 20).

13 Bei einem aus einem Buch und einer CD bestehenden Kombi-Produkt wird man regelmäßig auch unter Verwendung der steuerrechtlichen Definitionen zu sachgerechten Ergebnissen kommen. Danach unterliegt ein solches Produkt dem für Bücher gültigen, verminderten Mehrwertsteuersatz, wenn die CD

- speziell für ein bestimmtes Buch gefertigt wurde,
- auf den Inhalt des Buches Bezug nimmt,
- mit dem Inhalt des Buches abgestimmt ist,
- Inhalte des Buches aufnimmt,
- nicht selbstständig handlungsfähig ist und

– als bloße Zugabe und Veranschaulichung des gedruckten Textes beurteilt werden muss (*Haag,* Börsenblatt 92/1998, S. 14).

Im Regelfall sind daher kombinierte Objekte nicht preisbindungsfähig, bei denen die Nebensache in beigegebenem Arbeitsmaterial besteht, wie dies etwa bei Anleitungsbüchern mit beigefügten Werkstoffen aus Holz, Stein, Metall oder Kunststoff der Fall ist. Demgemäß unterfällt es auch nicht der Preisbindung, wenn ein italienisches Kochbuch zusammen mit Pasta-Zubehör-Teilen wie Nudelzange, Pasta-Löffel oder Teigrädchen verkauft werden, die jeweils durch eine Klarsichtumhüllung mit dem Buch zu einer Einheit verbunden sind (OLG Hamburg NJW 1998, 1085 f.; a. A. *Klosterfelde/Metzlaff,* LB § 15 Rn. 20).

Ein kombiniertes Objekt liegt grundsätzlich nur vor, **14** wenn ein preisbindungsfähiges Buch oder buchnahes Produkt mit einer anderen Ware zusammengefügt und zu einem Gesamtpreis angeboten wird. Hiervon ist der Verkauf eines preisgebundenen Erzeugnisses zu unterscheiden, dem als Verkaufshilfe eine andere Ware kostenlos beigefügt wird. Hält sich die hinzugegebene Ware nicht in dem von § 7 Abs. 4 BuchPrG vorgegebenen Lässlichkeitsrahmen (vgl. zu den Einzelheiten § 7 Rn. 10 ff.), so verstößt der Letztverkäufer gegen seine Pflicht zur Einhaltung der Preisbindung gem. § 3 BuchPrG.

6. Fremdsprachige Bücher

Für fremdsprachige Bücher gibt es in der Regel keine **15** Preisbindungspflicht. Sie sind nur dann im Preis gebunden, wenn Deutschland der Zielabsatzmarkt der Publikation ist (Begründung zu § 2 Abs. 2). Dies wird regelmäßig nur bei Büchern der Fall sein, die an ein deutschsprachiges Publikum gerichtet sind und der Erlernung einer Fremdsprache dienen oder hierbei unterstützen. Fremdsprachige Bücher sind dabei solche, die nahezu ausschließlich in einer fremden Sprache abgefasst sind. Demgemäß fallen Wörterbücher nicht unter Abs. 2, sondern unter Abs. 1. Werden fremdsprachige Bücher aus dem Ausland importiert, so sind sie regelmäßig nicht preisgebunden, da sie im Regelfall nicht auf ein deutschsprachiges Publikum ausgerichtet sind. Auch wissenschaftliche Publikationen deutscher Verlage in englischer Sprache, die weltweit an Fachwissenschaftler verkauft werden, unterliegen nicht der Preisbindung. Als fremdsprachige Bücher sind daher in erster Linie Sprachlehrbücher und fremdsprachige Schulbücher für deutsche Schulen im Preis zu binden. Mehrsprachige Bücher sind preisgebunden, wenn der deutschsprachige Anteil nicht gänzlich untergeordnet ist.

III. Was unterliegt nicht der Preisbindung?

16 Verlagserzeugnisse und sonstige Gegenstände, die weder „Bücher" i.S.v. § 2 Abs. 1 BuchPrG noch Zeitungen oder Zeitschriften i.S.v. § 15 Abs. 1 GWB n.F. darstellen, können und dürfen nicht im Preis gebunden werden. Der Gesetzgeber hat den Kreis der preisbindungsfähigen Verlagsobjekte durch die Neuregelung der Preisbindung damit enger gezogen. Eine Mehrzahl von Verlagserzeugnissen, die bislang preisbindungsfähig waren, sind es künftig nicht mehr: Insbesondere Bildkalender, Kalender und Timer, sofern sie keine Bücher darstellen, sog. „Kleinschrifttum" wie Ansichtskarten, Glückwunsch- und Spielkarten sowie Vorlagen für technische, künstlerische und dekorative Arbeiten und Schnittmuster. Sonstige mediale Produkte, bei denen visuelle, akustische, interpretatorische oder interaktive Komponenten den Hauptanreiz bilden, sind weder Bücher noch buchnahe Produkte i.S.v. Abs. 1 und damit nicht preisbindungsfähig. Hierzu zählen alle Arten von Bildträgern (Videos, DVD's etc.) und Tonträgern. Musik-CDs, Schallplatten und Musikkassetten sind weder Bücher noch buchnahe Produkte, da sie weder verlags- noch buchhandelstypisch sind (BGHZ 46, 74, 85 – Schallplatten). Hörbücher unterfallen als Tonträger und demgemäß als Interpretationen der Buchvorlage nicht dem Anwendungsbereich des Gesetzes (Stellungnahme des Vertreters der Bundesregierung, BT-Drucks. 14/9422, S. 11, rechte Spalte). Auch Gesellschaftsspiele sind keine „Bücher". Unter die Preisbindung fallen weiterhin ausschließlich neue und fertige Produkte, weshalb gebrauchte und antiquarische Bücher sowie Rohdrucke nicht bindungsfähig sind (Begründung zu § 3; *Franzen*, Rn. 35; *Klosterfelde/Metzlaff*, LB § 15 Rn. 19; *Emmerich*, IM § 15 Rn. 9). Unter „modernem Antiquariat" versteht man die zur „Verramschung" freigegebenen Bücher, also ehemals preisgebundene Bücher, bei denen die Preisbindung durch den Verlag aufgehoben wurde. Auch solche Bücher unterliegen nicht mehr der Preisbindung.

IV. Wer ist Letztabnehmer?

Letztabnehmer ist grundsätzlich der Endkunde. Das ist **17**
derjenige, der das Buch zum Zwecke der eigenen Nutzung oder unentgeltlichen Weitergabe an Dritte erworben hat. Letztabnehmer ist somit in der Vertriebskette derjenige, der als Letzter für das verlagsneue Buch Geld bezahlt hat. Das ist üblicherweise der Kunde in der Buchhandlung und der Besteller im Versandbuchhandel. Kein Letztabnehmer ist hingegen etwa ein Verein, der eine größere Anzahl von Büchern zum Zwecke des Weiterverkaufs an seine Mitglieder beim Verlag oder Buchhandel erwirbt. Die Definition des Letztabnehmers ist von Bedeutung, da die Preisbindung immer nur im Verhältnis des veräußernden Händlers zum Letztabnehmer einzuhalten ist. Hingegen besteht keine Preisbindung im Verhältnis etwa des Verlages zum Buchhändler oder Zwischenbuchhändler. In diesem Verhältnis sind die Verkaufspreise des Verlages grundsätzlich frei kalkulierbar, wobei die Regelungen des § 20 GWB und die üblicherweise zulässige Rabatthöchstgrenze von 50% zu beachten sind (vgl. § 6 Rn. 4).

§ 3 Preisbindung

Wer gewerbs- oder geschäftsmäßig Bücher an Letztabnehmer verkauft, muss den nach § 5 festgesetzten Preis einhalten. Dies gilt nicht für den Verkauf gebrauchter Bücher.

Übersicht

I. Gesetzgeberischer Zweck

1 § 3 statuiert die Pflicht zur Einhaltung des gebundenen Preises beim Verkauf von Büchern. Dabei sind die von den Verlegern und Importeuren gem. § 5 gebundenen Preise vom Verkäufer gegenüber jedem Letztabnehmer als verbindliche Bruttopreise zu berechnen. Der Preis ist also exakt einzuhalten, Abweichungen nach oben oder unten, seien sie auch noch so geringfügiger Natur sind nicht gestattet. Hierin unterscheidet sich das deutsche Gesetz von der Rechtslage in Österreich, wo nur die Mindestpreise von Büchern gebunden sind. Nach dem österreichischen

Preisbindungsgesetz werden keine fixen Ladenpreise – und damit auch keine tatsächlichen Verkaufspreise – festgelegt, sondern es wird lediglich eine Preisuntergrenze fixiert. Ein höherer Preis als der gebundene Mindestpreis ist demnach in Österreich jederzeit möglich (*Sehrschön/Willheim*, S. 9). Zudem gestattet § 5 Abs. 1 ÖstBuchPrG dem Letztverkäufer die Unterschreitung des Ladenpreises um bis zu 5%. Das deutsche Gesetz ist insoweit stringenter, als es Abweichungen weder nach oben noch nach unten zulässt. Eine Ausnahme ist – theoretisch – nur möglich, wenn mehrere Importeure unterschiedliche Preise festgesetzt haben. Dann obliegt es dem Buchhändler, den eigenen Preis festzulegen.

II. Festgesetzter Preis

Die Preisfestsetzung obliegt gem. § 5 dem Verleger oder Importeur. Dieser muss den Preis einschließlich der gesetzlichen Umsatzsteuer als Endpreis festsetzen und in geeigneter Weise veröffentlichen. Maßgebend ist dabei die Verlagsangabe auf dem Titelblatt, der Rechnung, bei Zeitschriften evtl. im Impressum. Verlage und Importeure sind dabei verpflichtet, dem Händler Klarheit über den Preis zu verschaffen. Nur eindeutige Angaben ermöglichen dem Händler und seinen Angestellten, in Zweifelsfällen schnell und mit zumutbarem Aufwand festzustellen, zu welchem Preis ein Buch zu verkaufen ist und ob es noch der Preisbindung unterliegt. Händler selbst können keine Preise binden. 2

1. Endpreis

Wer gewerbs- oder geschäftsmäßig Bücher an Letztabnehmer verkauft, muss den nach § 5 festgesetzten Preis einhalten. Dies ist zunächst und im Regelfall der Endpreis, also derjenige Preis, den der Verleger oder Importeur für 3 das Buch grundsätzlich festgelegt und bekanntgemacht hat. Diesen Preis hat der Händler vom Letztabnehmer zu verlangen und diesem zu berechnen. Da es sich bei den festgesetzten Endpreisen um Bruttopreise handelt, hat der Händler dem Letztabnehmer auch die Umsatzsteuer zu berechnen.

2. Besonderheiten im Verhältnis zur PreisangabenVO

4 Grundsätzlich gilt für die Preisangaben des Händlers auch die Preisangabenverordnung, allerdings mit einigen sich aus der Natur des Preisbindungsgesetzes ergebenden Einschränkungen.

5 **a) Kein Aushandeln des Preises.** Da der Händler den Buchpreis nicht frei aushandeln kann, darf er entgegen § 1 Abs. 1 S. 3 PreisangabenVO auch keine Bereitschaft hierzu bekunden.

6 **b) Nachträgliche Preisänderung.** Entgegen § 1 Abs. 4 PreisangabenVO darf der Händler seine Preise mit einem Änderungsvorbehalt angeben, auch wenn keine Lieferfristen von mehr als vier Monaten bestehen. Denn da der Händler selbst über die Preisbindung der Verlage nicht bestimmen kann, hat er tagesaktuell dem Kunden den jeweiligen Endpreis zu berechnen. Hierbei kann es vorkommen, dass – etwa im Versandhandel oder bei Besorgungsgeschäften – zwischen der Bestellung durch den Kunden und der Auslieferung des Buches der Verlag eine Preisänderung festgesetzt hat, der Kunde also zu einem anderen Preis bestellt hat als dem zum Zeitpunkt der Bezahlung und Buchübereignung festgesetzten. Dem Händler kann in diesem Falle nicht zugemutet werden, den ursprünglich vereinbarten Preis zu berechnen, da er in diesem Falle einen Gesetzesverstoß beginge und sich Unterlassungs- und Schadensersatzansprüchen aussetzen würde. Gem. § 313 Abs. 1 BGB kann der Buchhändler somit eine Anpassung des vertraglich vereinbarten Preises an den nunmehr vom Verlag neu festgesetzten Preis vom Kunden

verlangen. Dies allerdings nur unter der Voraussetzung, dass sich der neu festgesetzte Preis nicht wesentlich vom ursprünglich vereinbarten Preis unterscheidet. Ist ein wesentlich höherer Preis festgesetzt, so kann der Kunde nach § 313 Abs. 2 BGB die Auflösung des Vertrages verlangen, umgekehrt kann dies der Händler, wenn der neue Preis wesentlich niedriger ist als der alte, da dem Händler damit die Kalkulationsbasis genommen wird.

c) Preisauszeichnung. Nach § 4 PreisangabenVO hat der **7**
Händler Bücher, die in Schaufenstern, Schaukästen, innerhalb oder außerhalb des Verkaufsraumes auf Verkaufsständen oder in sonstiger Weise sichtbar ausgestellt werden, durch Preisschilder oder Beschriftung der Ware im Preis auszuzeichnen. Eine Pflicht zur Angabe der festgesetzten Preise gilt auch für Versandbuch- und Internet-Händler im Rahmen ihrer Katalog- und Online-Angebote (§ 4 Abs. 4 PreisangabenVO).

3. Sonderpreise

Hat der Verlag oder Importeur einen Sonderpreis gem. **8**
§ 5 Abs. 4 festgesetzt, so muss der Händler diesen dem Kunden als festgesetzten Preis berechnen. Der Händler muss sich somit in jedem relevanten Fall vergewissern, ob der Verlag oder Importeur für seine Bücher Serienpreise, Mengenpreise, Substitutionspreise, Sonderpreise für Institutionen oder für Abonnenten einer Zeitschrift sowie Teilzahlungszuschläge festgesetzt hat. Diese Sonderpreise sind jeweils vom Verleger oder Importeur vorgegeben und vom Händler zu ermitteln, wobei die Verlage und Importeure verpflichtet sind, hier jeweils klare Angaben zu machen und diese in branchenüblicher Weise dem Händler bekanntzugeben. Eine Besonderheit gilt für Teilzahlungszuschläge: Diese sind zwar im Buchhandel eher selten geworden, kommen jedoch bisweilen – etwa bei hochpreisigen, mehrbändigen Enzyklopädien – noch vor. Der Verlag kann Teilzahlungszuschläge, die einer Verzinsung

entsprechen, festsetzen. Hat ein Verlag hiervon keinen Gebrauch gemacht und gewährt der Händler Teilzahlung, so muss er selbst einen angemessenen Zuschlag festsetzen und berechnen. Denn verzichtet er auf einen Kreditzuschlag, so ermäßigt er den Preis und begeht einen Preisbindungsverstoß. Diese Regelung gilt auch bei einer Stundung des Kaufpreises von mehr als 60 Tagen. Der Zuschlag muss der Stundungsleistung in etwa entsprechen. Diese besteht aus Zinsverlust, Kreditrisiko und Bearbeitungskosten (vgl. hierzu im Einzelnen § 5 Rn. 9 ff.).

4. Ausnahmen

9 Verleger und Händler sind nicht an die festgesetzten Preise gebunden, wenn eine der Ausnahmeregelungen des § 7 vorliegt (vgl. § 7 Rn. 1 ff.).

10 **a) Verkauf außerhalb der Preisbindung (§ 7 Abs. 1).** Nach § 7 Abs. 1 Ziff. 1 kann der Händler an andere Händler oder Verleger sowie deren Angestellte Bücher zu jedem beliebigen Preis verkaufen („Kollegenrabatt"). Verlage dürfen beim Verkauf selbstständiger Publikationen an ihre eigenen Autoren für deren Eigenbedarf von der jeweiligen Preisbindung abweichen. Verlage und Händler können beim Verkauf von Büchern an Lehrer, die diese zum Zwecke der Prüfung für eine Verwendung im eigenen Unterricht benötigen, einen herabgesetzten Preis berechnen oder die Bücher umsonst abgeben. Auch Bücher, die verschmutzt oder beschädigt sind oder einen sonstigen Fehler aufweisen (z. B. fehlende oder doppelt gedruckte Seiten) können zu einem anderen als dem gebundenen Preis verkauft werden.

11 **b) Bibliotheksnachlass (§ 7 Abs. 2).** Beim Verkauf von Büchern an wissenschaftliche Bibliotheken darf ein Nachlass bis zu 5 % berechnet werden. Beim Verkauf von Büchern an jedermann zugängliche kommunale Büchereien sowie die anderen in § 7 Abs. 2 genannten Büchereien

kann ein Nachlass bis zu 10 % auf den Endverkaufspreis gewährt werden. Ob und in welcher Höhe ein solcher Nachlass gewährt wird, obliegt der Entscheidung des Verkäufers.

c) Abgrenzung Sonderpreis – Nachlass. Im Unterschied 12
zu den Sonderpreisen i. S. v. § 5 Abs. 4 handelt es sich bei den Ausnahmen nach § 7 Abs. 1 und 2 um „Kann"-Bestimmungen. Während die vom Verlag oder Importeur festgesetzten Sonderpreise strikt einzuhalten sind, kann der Verkäufer nach § 7 Abs. 1 gänzlich von der Preisbindung abweichen oder die nach § 7 Abs. 2 möglichen Nachlässe ganz oder zum Teil gewähren. Er muss dies jedoch nicht tun.

d) Schulbuch-Sammelbestellungen (§ 7 Abs. 3). Bei der 13
Nachlassregelung für Schulbuch-Sammelbestellungen nach § 7 Abs. 3 handelt es sich dogmatisch um Sonderpreise, da der Händler verpflichtet ist, vom festgesetzten Endpreis den jeweiligen Nachlass in Abzug zu bringen. Denn nach dem Wortlaut des § 7 Abs. 3 „gewähren die Verkäufer" Nachlässe, sind demgemäß hierzu verpflichtet. Die Regelung über die Schulbuch-Nachlässe hätte daher an sich im Rahmen von § 5 Abs. 4 erfolgen müssen. Handelt es sich also um eine Sammelbestellung von Büchern für den Schulunterricht, die überwiegend von der öffentlichen Hand finanziert wird, so hat der Verkäufer die im Einzelnen aufgeführten Nachlässe zu gewähren. Werden Schulbücher von den Schulen im Rahmen eigener Budgets angeschafft, so ist statt dessen ein genereller Nachlass von 12% für alle Sammelbestellungen zu gewähren (vgl. § 7 Rn. 7 ff.).

5. Zugaben und Nebenleistungen

§ 7 Abs. 4 BuchPrG erlaubt dem preisgebundenen Ver- 14
käufer von Büchern innerhalb der dort in Ziff. 1 bis 4 definierten Grenzen die Etablierung von Kundenbindungssystemen, die Übernahme geringwertiger Kosten für den

Besuch der Verkaufsstelle (etwa Parkgebühren), die Übernahme von Versand- oder besonderen Beschaffungskosten (etwa die versandkostenfreie Lieferung im Versandbuchhandel) sowie andere „handelsübliche Nebenleistungen" (vgl. § 7 Rn. 13). Überschreitet der Händler die gesetzten Grenzen, so verstößt er gegen die Preisbindung und kann gem. § 9 auf Unterlassung und Schadensersatz in Anspruch genommen werden.

6. Aufhebung der Preisbindung

15 Hat der Verleger oder Importeur nach § 8 die Preisbindung für ein Buch aufgehoben, so ist der Händler in seiner Preisgestaltung frei. Er kann dem Letztabnehmer nun sowohl einen höheren als auch einen niedrigeren Preis berechnen. Da er an den ursprünglich festgesetzten Preis nicht mehr gebunden ist, obliegt es nun ihm selbst, etwa Mengennachlässe auf den eigenen Preis zu gewähren oder Zugaben oder Geldgutschriften jenseits der Grenze des § 7 Abs. 4 Ziff. 1 zu gewähren.

7. Geschäftsaufgabe und Insolvenz

16 Bis zum Inkrafttreten des Preisbindungsgesetzes konnte der Buchhändler im Falle der Geschäftsaufgabe die Bücher zu herabgesetzten Preisen verkaufen; im Falle einer Insolvenz der Insolvenzverwalter. Die Verlage waren bei Totalausverkäufen hierüber zu unterrichten, damit ihnen ein Rückkauf ermöglicht wurde und ihre verlagsneuen Bücher nicht in den Ramsch kamen. Machten die Verlage von dieser Möglichkeit jedoch keinen Gebrauch, so war es für den Buchhändler bzw. für den Insolvenzverwalter im Allgemeinen unzumutbar, den gebundenen Ladenpreis einzuhalten. Das neue Gesetz sieht jedoch eine vergleichbare Ausnahmeregelung nicht vor. Demgemäß ist auch im Falle der Insolvenz der Insolvenzverwalter als Letztveräußerer verpflichtet, den gebundenen Ladenpreis einzuhalten. Selbstverständlich hat auch er die Möglichkeit, den Verla-

gen einen Rückkauf der Bücher anzubieten; die Verlage haben dann die Pflicht, solche Bücher zu remittieren, die vor weniger als 12 Monaten geliefert wurden. Bleibt der Buchhändler oder der Insolvenzverwalter auf Buchbeständen sitzen, so kann er versuchen, diese en bloc – evtl. sehr günstig – an andere Händler zu einem beliebigen Preis veräußern. Diese sind im Verhältnis zum Letztabnehmer jedoch wieder verpflichtet, den gebundenen Preis einzuhalten. Gelingt es nicht, sämtliche im Lager vorrätigen Bücher des Insolvenzunternehmens an Letztabnehmer, Verlage oder andere Händler zu veräußern, so bleibt als ultima ratio nur die Makulatur (vgl. § 8 Rn. 1 ff.).

III. Normadressaten

1. Gewerbsmäßiger Buchverkauf

Gewerbsmäßig handelt, wer berufsmäßig in der Absicht **17** dauernder Gewinnerzielung geschäftlich tätig wird (Begründung zu § 3). Normadressaten sind daher in erster Linie diejenigen Sortimenter und Versandbuchhändler, die Bücher an Letztabnehmer verkaufen. Normadressaten sind weiterhin diejenigen Verlage, die im Direktgeschäft Bücher an den Endkunden verkaufen. Das Direktgeschäft der Verlage wird seit jeher von den Sortimentern kritisiert. Eine rechtliche Grundlage für ein Verbot von Direktgeschäften gibt es jedoch nicht. Mittlerweile nimmt das Direktgeschäft der Verlage einen erheblichen Anteil am Gesamtumsatz des Buchhandels ein (im Jahre 2001 16,8 %; Buch und Buchhandel in Zahlen 2002, S. 25). Die Verlage sind in gleicher Weise wie die Sortimenter und Versandbuchhändler verpflichtet, die selbst festgesetzten Preise einzuhalten. Gleiches gilt für Importeure. Bei Verstößen riskiert der Verlag zwar nicht mehr – wie noch zu Zeiten des Sammelreverses – die Aufhebung seiner Preisbindung durch das Bundeskartellamt. Auch riskiert er nicht mehr die Einrede der gebundenen Händler, nicht mehr gebunden zu sein. Allerdings drohen dem Verlag bei Verstößen gegen die eigene Preisbindung Unterlassungs- und Schadensersatzansprüche nach § 9. Insoweit unterscheidet sich seine Lage im Falle von Verstößen nicht von derjenigen der Händler. Zwischenbuchhändler verkaufen zwar gewerbsmäßig Bücher, jedoch nicht an Letztabnehmer. Solange dem so ist, sind sie keine Normadressaten des § 3.

2. Geschäftsmäßiger Buchverkauf

18 Zur Einhaltung der Preisbindung sind auch diejenigen verpflichtet, die Bücher verkaufen, ohne in der Absicht dauernder Gewinnerzielung zu handeln. Hierunter fallen etwa Autoren, die gelegentlich – etwa im Rahmen von Lesungen – ihre eigenen Bücher an die Zuhörer verkaufen. Gleiches gilt für den Verkauf von Büchern am Rande von Seminaren, Messen oder sonstigen Verkaufsveranstaltungen. Auf eine Gewinnerzielungsabsicht kommt es jeweils nicht an (Begründung zu § 3). Geschäftsmäßig handelt auch derjenige, der über Internet-Auktionen verlagsneue Bücher zum Kauf anbietet. Auch solche Verkäufe unterliegen der gesetzlichen Preisbindung.

IV. Gebrauchte Bücher (Satz 2)

19 Die Pflicht zur Einhaltung des gebundenen Preises bezieht sich – wie auch nach der Regelung des Sammelreverses – nur auf den ersten Verkauf von Büchern an Letztabnehmer (Begründung zu § 3). Der Weiterverkauf von Büchern und der Handel mit gebrauchten Büchern und antiquarischen Titeln wird durch das Gesetz nicht erfasst. Eine Sonderstellung nimmt das moderne Antiquariat ein: Hierbei handelt es sich um verlagsneue Bücher, bei denen der Verlag die Preisbindung aufgehoben hat. Auch solche Bücher unterliegen nicht mehr der Preisbindung, zählen also zum „Antiquariat“, obwohl sie erstmals an einen Letztabnehmer verkauft werden.

§ 4 Grenzüberschreitende Verkäufe

(1) **Die Preisbindung gilt nicht für grenzüberschreitende Verkäufe innerhalb des Europäischen Wirtschaftsraumes.**

(2) **Der nach § 5 festgesetzte Endpreis ist auf grenzüberschreitende Verkäufe von Büchern innerhalb des Europäischen Wirtschaftsraumes anzuwenden, wenn sich aus objektiven Umständen ergibt, dass die betreffenden Bücher allein zum Zwecke ihrer Wiedereinfuhr ausgeführt worden sind, um dieses Gesetz zu umgehen.**

Übersicht

I. Voraussetzungen für die Zulässigkeit der Preisbindung nach EU-Recht (Abs. 1)

§ 4 fügt das BuchPrG in die Regeln des EG-Wettbewerbsrechts ein. Die Feststellung in Absatz 1, dass die Preisbindung nicht für grenzüberschreitende Verkäufe innerhalb des europäischen Wirtschaftsraums gilt, trägt der Vorrangigkeit des europäischen Wettbewerbsrechts Rechnung: Gemäß Artikel 28 EG-Vertrag sind staatliche Regelungen unzulässig, die geeignet sind, den Handelsverkehr zwischen Mitgliedsstaaten unmittelbar oder mittelbar, tatsächlich oder potentiell, zu behindern. § 4 Absatz 1 BuchPrG bekräftigt also den Grundsatz, dass die Preisbindung für Verkäufe innerhalb Deutschlands und für Aus- 1 landsgeschäfte nur in Ländern außerhalb des EWR zulässig ist. Dies bedeutet für den deutschsprachigen Raum, dass grenzüberschreitende Preisbindungsregelungen im Verhältnis zwischen den EU-Ländern Deutschland und Österreich nicht zulässig sind, wohl aber im Verhältnis zwischen Österreich und Deutschland zur nicht zur EU-gehörenden Schweiz. Deshalb können wie bisher deutsche und österreichische Verlage Ladenpreise in der Schweiz festsetzen, entweder durch direkte Festlegung von sFR-Preisen oder auf der Grundlage der im Verlagsstaat geltenden Preise durch eine Umrechnungstabelle (vgl. § 1 Rn. 27). Der Europäische Gerichtshof hat jedoch in mehreren Entscheidungen bestätigt, dass EU- Mitgliedstaaten zum Erlass von innerstaatlichen Rechtsvorschriften berechtigt sind, nach denen der Endverkaufspreis für Bücher vom inländischen Verleger und/oder Importeur eines Buches in den jeweiligen Mitgliedstaat festgesetzt werden muss und für jeden einzelnen Letztverkäufer verbindlich ist (vgl. § 1 Rn. 21 ff.). Allerdings müssen diese Rechtsvorschriften im Einklang mit den Bestimmungen des EG-Vertrages, insbesondere mit den Bestimmungen über den freien Warenverkehr, stehen. Diese Bestimmungen gelten auch für den Handel mit reimportierten Büchern innerhalb des europäischen Wirtschaftsraums.

II. Umgehung der Preisbindung durch Reimporte (Abs. 2)

1. In der Gesetzesbegründung erwähnte Fälle

2 Absatz 2 schützt auf der Grundlage der Rechtsprechung des EuGH die nationale Preisbindung vor solchen Reimportgeschäften, die kein echter innergemeinschaftlicher Handel, sondern Umgehungsgeschäfte sind. Der Europäische Gerichtshof hat in der grundlegenden *Leclerc*-Entscheidung (vgl. § 1 Rn. 22) anerkannt, dass trotz der grundsätzlichen Unzulässigkeit von Preisbindungen mit

grenzüberschreitender Wirkung dennoch reimportierte Bücher der Preisbindung unterliegen, also eine nationale Buchpreisbindung auf reimportierte Bücher angewandt werden kann, wenn sich aus objektiven Umständen ergibt, dass die betreffenden Bücher allein zum Zwecke ihrer Wiedereinfuhr ausgeführt worden sind, um die gesetzliche Buchpreisbindung zu umgehen (vgl. § 1 Rn. 24). Das Gesetz selbst verzichtet auf eine nähere Beschreibung solcher Umgehungsfälle. In der Gesetzesbegründung jedoch werden verschiedene Fälle einer möglichen Umgehung aufgeführt:

- wenn aus Anlass des konkreten Letztabnehmergeschäftes tatsächlich keine grenzüberschreitende Lieferung nach Deutschland erfolgt oder
- wenn der Verkauf von Büchern deutscher Verlage mittels Fernkommunikationsmittel durch einen im Ausland ansässigen Verkäufer allein oder ein mit ihm verbundenes Unternehmen ausschließlich auf Letztabnehmer in Deutschland ausgerichtet ist oder
- wenn jemand Bücher in einen ausländischen Staat ausführt oder dies veranlasst, um diese später auf Grund eines einheitlichen Plans von dort selbst oder durch ein verbundenes Unternehmen an Letztabnehmer in Deutschland zu verkaufen.

Diese Aufzählung kann nicht abschließend sein. Vielmehr wird es in jedem Einzelfalle darauf ankommen, zu prüfen, ob bei Reimporten ein echter innergemeinschaftlicher Handel vorliegt, der voraussetzt, dass Bücher aus Deutschland in ein anderes EU-Land zur Deckung des dortigen Bedarfs importiert wurden und dort in den freien Handel gelangt sind, also im Importland Endabnehmern oder Händlern zum Verkauf angeboten wurden – dann wären reimportierte Bücher preisbindungsfrei – oder ob ein Umgehungsgeschäft vorliegt, das die Preisbindung nicht tangiert (*Klosterfelde/Metzlaff,* LB § 15 Rn. 76 b; *Baumbach/Hefermehl,* § 1 UWG Rn. 725).

2. Auffassung der EU-Kommission

3 In einem Schreiben der Europäischen Kommission Generaldirektion Wettbewerb vom 8. 2. 2000 (AZD 20688) heißt es hierzu:

„Der folgende Fall kann beispielsweise als „Umgehung" einer nationalen Buchpreisbindung angesehen werden: Reimporte deutscher Verlagserzeugnisse, die zwar physisch aus Deutschland exportiert, aber nie zum Kauf in einem anderen Mitgliedstaat angeboten worden sind. Andererseits kann z. B. der folgende Fall nicht als „Umgehung" einer nationalen Buchpreisbindung angesehen werden: Reimporte deutscher Verlagserzeugnisse, die physisch aus Deutschland exportiert und zum Kauf in einem anderen Mitgliedstaat angeboten worden sind."

In einer mit der EU-Kommission abgestimmten gemeinsamen Erklärung des *Börsenvereins des Deutschen Buchhandels, der Verlagsgruppe Random House GmbH* und der *Koch, Neff & Oetinger GmbH* vom 20. 3. 2002 (Börsenblatt 24/2002, S. 4f.), die das Negativattest für den ab 1. 7. 2000 geltenden nationalisierten Sammelrevers durch die Kommission überhaupt erst ermöglichte (§ 1 Rn. 16f.), waren nach langen Verhandlungen mit der EU-Kommission folgende Fälle als Umgehungsfälle bei grenzüberschreitendem Verkauf von Verlagserzeugnisse an deutsche Endkunden definiert worden:

a) Zusammenwirken zwischen deutschem und ausländischem Buchhändler zum Unterpreisverkauf an Endabnehmer in Deutschland, vor allem durch Bereitstellung von Internet-Zugängen oder anderen Kommunikationsmitteln für die Bestellung beim ausländischen Händler,
b) Ausfuhr von Verlagserzeugnissen durch einen deutschen Händler in ein anderes EU-Mitgliedsland allein zu dem Zweck, um diese selbst oder durch ein verbundenes ausländisches Unternehmen bzw. Dritte an Endkunden in Deutschland zu verkaufen,
c) Gründung einer Niederlassung durch einen deutschen Händler oder ein mit ihm zu dem Umgehungszweck kooperierendes Unternehmen in einem anderen Mit-

gliedstaat und/oder Erwerb der Kontrolle hierüber, um die Preisbindung nach dem Sammelrevers zu umgehen.

In dieser Erklärung wurden zwar die aufgeführten Fälle als abschließender Katalog der in Betracht kommenden Umgehungsfälle bezeichnet, zugleich aber wurde darauf hingewiesen, dass die Konkretisierung des Begriffs der Umgehung im Einzelfall den Gerichten unter Beachtung der Vorabentscheidungskompetenz des Europäischen Gerichtshofs obliege. Zudem war diese Erklärung ausdrücklich für die Dauer der Gültigkeit des Sammelreverses 2000 befristet und enthielt den Hinweis, dass sie ihre Wirkung nach Inkrafttreten des Buchpreisbindungsgesetzes verliere. Die Erklärung behält Bedeutung insofern, als sie deutlich macht, in welchen Fällen ganz unzweifelhaft auch nach den sehr strengen Kriterien der EU-Kommission eine Umgehung vorliegt. Letztlich werden aber die deutschen Gerichte im Einzelfall unter Berücksichtigung der Haltung der Kommission in eigenständiger Anwendung des Europarechts zu entscheiden haben, wann die nationale Preisbindung durch Reimporte umgangen wurde mit der Folge, dass die reimportierten Bücher nur zum in Deutschland gebundenen Ladenpreis verkauft werden dürfen (vgl. hierzu die Bekanntmachung über die Zusammenarbeit der Kommission und den Gerichten der Mitgliedstaaten bei der Anwendung der Artikel 85 und 86 des EWG-Vertrages, ABl. C 39/6 vom 13. 2. 1993, abgedruckt bei LB Band 2, S. 2967, insbesondere Rn. 20).

3. Rechtsprechung in Deutschland

Deutsche Gerichte hatten sich bisher nur wegen einer spektakulären Unterpreisaktion des österreichischen (inzwischen insolventen) Medienkonzerns *Libro AG* mit Reimportproblemen zu befassen: Im Juli 2000 nahm *Libro* die „Renationalisierung“ der Sammelrevers-Preisbindung zum 1. 7. 2000 zum Anlass, verbunden mit einer großen Werbekampagne über seine Internet-Tochtergesellschaft Lion.cc zahlreiche Bestseller mit einem Nachlass von 20% 4 auf den deutschen Ladenpreis anzubieten. Das geschah zum Teil in der Form, dass in deutschen Filialen von *Libro* den Kunden Handzettel ausgehändigt wurden, in denen auf die Möglichkeit des Bezugs deutscher Bücher bei Lion.cc unterhalb der gebundenen deutschen Preise hingewiesen wurde. Kunden wurden solche Internet-Bestellungen über die in den *Libro*-Läden aufgestellten Terminals bei Lion.cc mit 20% Preisnachlass ausdrücklich empfohlen. Bei Benutzung dieser Terminals für solche Bestellungen erhielten sie Hilfestellung durch das Verkaufspersonal. Es lag also allenfalls ein „virtuelles" grenzüberschreitendes Geschäft vor: Deutsche Kunden bestellten in deutschen *Libro*-Filialen von deutschen Verlagen verlegte deutsche Bücher. Das grenzüberschreitende Element bestand lediglich darin, dass das Internet-Portal Lion.cc im Ausland gelegen war. Das Landgericht Berlin entschied mit Urteil vom 18. 7. 2000 (Az: C 102 O 133/00 – NJWE-WettbR 2000, 1951), dass eine Umgehung der Preisbindung vorlag, weil das österreichische Buchhandelsunternehmen es Endverbrauchern ermöglichte, über in seinen deutschen Ladengeschäften aufgestellte Terminals Internet-Bestellungen bei seiner in Österreich ansässigen Tochter-Gesellschaft auch hinsichtlich solcher Verlagserzeugnisse vorzunehmen, die diese Gesellschaft unter den in Deutschland gebundenen Preisen verkaufte. Es sei für einen Buchverkauf im Ladengeschäft völlig untypisch, eine grenzüberschreitende Internet-Buchbestellung in Österreich ausdrücklich als Leistung der deutschen Filialen anzubieten. Solches Verhalten könne Nachahmungseffekte bewirken, die letztlich zu einer Gefährdung der Durchsetzbarkeit der Preisbindung führen müssten. Die streitgegenständliche Liefersperre sei daher berechtigt. Das Landgericht konnte sich in seinem Urteil auf die Rechtsprechung des Bundesgerichtshofes stützen. Hiernach war es unter Geltung des Sammelreverses zulässig, die Belieferung von Unternehmen einzustellen, deren Zweck erklärtermaßen darauf gerichtet ist, Endabnehmern preisgebundene Bücher billiger zu verschaffen (BGH NJW 1979,

1412 ff., 1413 – Anwaltsbücherdienst). Der BGH erklärte es für legitim, auf diese Weise Einbrüche in die Preisbindung abzuwehren, die die bisherige Ordnung des Buchvertriebs durchbrechen und möglicherweise zu neuen nicht preisgebundenen Vertriebswegen führen könnten (BGH a.a.O.). In gleicher Weise entschied das Landgericht München I durch Beschluss vom 18. 7. 2000 (Az: 7 O 12730/00) gegen *Libro*. Das Gericht bestätigte die Liefersperre eines Verlages, weil es im generellen Preisabschlagsangebot bis zu 20% der Firma Lion.cc objektive Umstände erkannte, die für eine Umgehung der für Deutschland gültigen Buchpreisbindung durch unzulässige Reimporte sprachen.

4. Rechtsprechung in Frankreich

Umfangreicher ist die Rechtsprechung französischer Gerichte auf der Grundlage der „Leclerc-Entscheidung" des EuGH zu Umgehungen der Preisbindung für Bücher (vgl. *Lamy Droit Économique* S. 885). Auch in Frankreich hat es der Gesetzgeber den Gerichten überlassen, im Einzelfall zu prüfen, ob der Export und der nachfolgende Import zum Ziele hatten, das Gesetz zu umgehen. So bejahte der Cour d' Appel de Paris in seiner Entscheidung vom 24. 4. 1985 (Gazette du Palais, Journal n° 144, 145 v. 24/25. 5. 1985 S. 337) eine Umgehung, weil ein französischer Händler größere Mengen unter Preis angebotener Bücher über eine belgische Buchhandlung teurer als in Frankreich möglich bezogen hatte. Angesichts der großen Liefermenge konnte nach Auffassung des Gerichts mit Sicherheit gesagt werden, dass die französische Firma nicht das Ziel verfolgte, von günstigen Bedingungen, die ihr der belgische Buchmarkt bot, zu profitieren. Vielmehr habe sie durch die „künstliche Herbeiführung eines internationalen Handelskreislaufs" versucht, sich die Möglichkeit zu verschaffen, Bücher zum Verkauf anbieten zu können, ohne an einen durch das französische Preisbindungsgesetz vorgeschriebenen Mindestpreis gebunden zu sein – dies zu- 5 dem unter Inkaufnahme eines Gewinnrückgangs, weshalb sich die französische Firma nicht begründeterweise auf das allgemeine Prinzip der Warenverkehrsfreiheit des Gemeinschaftsrechts berufen könne. Nach französischer Rechtsprechung lässt sich eine Umgehungsabsicht besonders einfach nachweisen, wenn sich aus den Vertriebsunterlagen oder der Buchhaltung ergibt, dass die unter Preis angebotenen Bücher in Wirklichkeit zu keinem Zeitpunkt eine innereuropäische Grenze passiert hatten (Cour d' Appel de Paris, Urteil vom 27. 11. 1989, Gazette du Palais, Journal n° 318, 319 v. 14./15. 11. 1990, S. 658). Übertragen auf Deutschland: Wenn ein ausländischer Internet-Händler im Ausland eingehende Bestellungen aus Deutschland aus einem Buchlager in Deutschland ausführt, handelt es sich nicht um preisbindungsfreie Reimporte, weil die Bücher nicht aus Deutschland exportiert und sodann wieder importiert wurden, sie vielmehr Deutschland gar nicht verlassen haben.

5. Beweislast

6 Von besonderer Bedeutung ist die Frage der Beweislast: Wer muss beweisen, dass eine Umgehung der nationalen Preisbindung vorliegt? Hierzu der Cour d' Appel de Paris in der vorerwähnten Entscheidung vom 27. 11. 1989: Die Beweislast für die Ausnahmen vom Prinzip der Buchpreisbindung tragen diejenigen, die unter Preis verkaufen. Diejenigen, die die Preisunterbietung verfolgen, müssen nur diese als solche beweisen. Auch nach der Entscheidung des Cour de Cassation vom 5. 5. 1987, Az.: 85–13845, Lexilaser Cassation vom 23. 10. 1996, muss lediglich der Unterpreisverkauf von denjenigen dargelegt werden, die sich gegen die Preisunterbietung wehren. Wenn sich aber Händler darauf berufen, dass die unter Preis verkauften Bücher aus Reimporten stammten, müssen sie beweisen, dass die Bücher aus einem anderen EG-Mitgliedsstaat geliefert wurden. Diese Beweislastverteilung entspricht auch dem deutschen Prozessrecht. Allerdings war in der unter

Rn. 3 erwähnten gemeinsamen Erklärung des *Börsenvereins*, von *Random House* und *Koch Neff & Oetinger* für die Geltung des Sammelreverses die Auffassung der Kommission enthalten, dass die Beweispflicht für objektive Umstände, aus denen sich eine Umgehung der Preisbindung nach dem Sammelrevers ergab, der Partei obliegt, die sich darauf beruft, die Konkretisierung des Begriffs der Umgehung obliege den Gerichten (Börsenblatt 24/2002, S. 4f.). Selbst wenn man aber die Beweislast demjenigen auferlegen wollte, der sich auf die Geltung der Preisbindung wegen missbräuchlichen Reimportes beruft, können doch Auffälligkeiten bei Unterpreisangeboten, die den Zweck der Umgehung der Preisbindung nahelegen, einen Anscheinsbeweis für die Umgehung begründen. Dann ist es Sache des Händlers, der sich auf die Preisfreiheit reimportierter Bücher beruft, diesen zu erschüttern (*Klosterfelde/Metzlaff,* LB § 15 Rn. 76b).

Da bei der Prüfung einer Umgehung europäisches Wettbewerbsrecht unter Berücksichtigung insbesondere der Leclerc-Entscheidung des EuGH anzuwenden ist, bieten die Entscheidungen französischer Gerichte wichtige Anknüpfungspunkte auch für eine künftige deutsche Rechtsprechung.

6. Zusammenfassung

Hiernach wird man von Folgendem ausgehen können: 7

a) Ein echter innergemeinschaftlicher Handel liegt nur dann vor, wenn Bücher aus Deutschland in ein anderes EU-Land zur Deckung des dortigen Bedarfs importiert wurden und dort in den freien Handel gelangt sind, also im Importland Endabnehmern oder Händlern zum Verkauf angeboten wurden. Anders hingegen, wenn Bücher exportiert und dann wieder importiert wurden, um sie preisbindungsfrei im Ursprungsland weiterverkaufen zu können. Deutsche Vertriebsfirmen, die preisgebundene Verlagserzeugnisse als Reimporte unter Preis anbieten, müssten nachweisen, dass die von ihnen unter den gesetzlich zulässigen Preisen angebotenen Bücher aus einem anderen Mitgliedsstaat eingeführt wurden, des Weiteren, dass sich diese Bücher tatsächlich in einem anderen EU-Land im freien Handel befanden.

b) Ein Umgehungsversuch ist dann gegeben, wenn der unter Preis Anbietende oder sein Lieferant Verlagserzeugnisse selbst in einen anderen EU-Mitgliedsstaat ausgeführt und wieder nach Deutschland eingeführt hat.

c) Von einem Umgehungszweck ist dann auszugehen, wenn das unter Preis verkaufende Inlandsunternehmen die Verlagserzeugnisse direkt im Inland nicht teurer als in einem anderen EU-Land beziehen könnte, auf einen solchen Bezug aber dennoch und deshalb verzichtet, um durch einen Einkauf außerhalb von Deutschland und den anschließenden Wiederverkauf in Deutschland die deutsche Preisbindung nicht einhalten zu müssen.

d) Eine Umgehung ist dann anzunehmen, wenn eine in einen anderen Mitgliedsstaat exportierte Bücherlieferung innerhalb kurzer Frist ganz oder zum überwiegenden Teil wieder nach Deutschland reimportiert wird.

§ 5 Preisfestsetzung

(1) **Wer Bücher verlegt oder importiert, ist verpflichtet, einen Preis einschließlich Umsatzsteuer (Endpreis) für die Ausgabe eines Buches für den Verkauf an Letztabnehmer festzusetzen und in geeigneter Weise zu veröffentlichen. Entsprechendes gilt für Änderungen des Endpreises.**

(2) **Wer Bücher importiert, darf zur Festsetzung des Endpreises den vom Verleger des Verlagsstaates für Deutschland empfohlenen Letztabnehmerpreis einschließlich der in Deutschland jeweils geltenden Mehrwertsteuer nicht unterschreiten. Hat der Verleger keinen Preis für Deutschland empfohlen, so darf der Importeur zur Festsetzung des Endpreises den für den Verlagsstaat festgesetzten oder empfohlenen Nettopreis des Verlegers für Endabnehmer zuzüg-**

lich der in Deutschland jeweils geltenden Mehrwertsteuer nicht unterschreiten.

(3) **Wer als Importeur Bücher in einem Vertragsstaat des Abkommens über den Europäischen Wirtschaftsraum zu einem von den üblichen Einkaufspreisen im Einkaufsstaat abweichenden niedrigeren Einkaufspreis kauft, kann den gemäß Absatz 2 festzulegenden Endpreis in dem Verhältnis herabsetzen, wie es dem Verhältnis des erzielten Handelsvorteils zu den üblichen Einkaufspreisen im Einkaufsstaat entspricht; dabei gelten branchentypische Mengennachlässe und entsprechende Verkaufskonditionen als Bestandteile der üblichen Einkaufspreise.**

(4) **Verleger oder Importeure können folgende Endpreise festsetzen:**

1. **Serienpreise,**
2. **Mengenpreise,**
3. **Subskriptionspreise,**
4. **Sonderpreise für Institutionen, die bei der Herausgabe einzelner bestimmter Verlagswerke vertraglich in einer für das Zustandekommen des Werkes ausschlaggebenden Weise mitgewirkt haben,**
5. **Sonderpreise für Abonnenten einer Zeitschrift beim Bezug eines Buches, das die Redaktion dieser Zeitschrift verfasst oder herausgegeben hat und**
6. **Teilzahlungszuschläge.**

(5) **Die Festsetzung unterschiedlicher Endpreise für einen bestimmten Titel durch einen Verleger oder Importeur oder deren Lizenznehmer ist zulässig, wenn dies sachlich gerechtfertigt ist.**

Übersicht

I. Verpflichtung zur Festsetzung und Veröffentlichung von Preisen

1. Preisfestsetzung allgemein (Abs. 1)

1 Vor Inkrafttreten des BuchPrG hatten die Verlage gemäß § 15 GWB a.F. die Wahl, ob sie die Preise ihrer Verlagserzeugnisse auf vertraglicher Grundlage binden wollten oder nicht. Sie konnten die Preise für ihre gesamte Verlagsproduktion binden oder aber die Preisbindung auf einzelne Titel beschränken. Sie konnten gebundene Preise auch jederzeit wieder aufheben. Das BuchPrG verpflichtet die Verleger und Importeure von Büchern im Sinne von § 2 des Gesetzes, die Endpreise der von ihnen verlegten oder importierten Bücher zu binden. Gebunden wird der Ladenpreis einschließlich Mehrwertsteuer für die „Ausgabe eines Buches“, also nicht für den Buchtitel als solchen, sondern für die jeweilige Ausgabe eines Titels, gleichbedeutend mit der „Druckauflage“ gemäß § 8 Abs. 1 BuchPrG (vgl. § 8 Rn. 1). Für inhaltlich oder äußerlich unterschiedliche Folgeauflagen ist also eine erneute Preisfestsetzung erforderlich, nicht jedoch bei Nachdrucken oder unveränderten Neuauflagen, wie dies bei belletristischen Werken die Regel ist. Nicht gebunden ist der Abgabepreis des Verlages, den er dem Sortimenter oder dem Zwi-

schenbuchhändler berechnet, auch nicht der vom Zwischenbuchhandel dessen Händlerkunden berechnete Preis. Die Handelsspannen sind also im Buchhandel (anders als im Pressevertrieb) nicht gebunden (zu den für ihre Bemessung zu beachtenden Grundsätzen vgl. § 6 Rn. 2 ff.). Gebunden werden auch die Sonderpreise (Rn. 4 ff.). Nur der Verlag kann binden, nicht Händler, es sei denn auf Grund einer ihnen hierzu vom Verlag erteilten Vollmacht in seinem Namen. Maßgebend ist die Verlagsangabe. Wird ein Buch auf fremde Rechnung, in Kommission verlegt, muss der Kommissionsverlag als Verlag erscheinen. Er bindet im eigenen Namen für den Kommissionsgeber. Wird ein Buch von einem Verlag für einen anderen Verlag hergestellt, so muss dieser binden, wenn er durch die Verlagsangabe das Buch zu „seinem" Buch macht.

Verleger und Importeure sind verpflichtet, die festgesetzten Preise und Preisänderungen in geeigneter Weise zu veröffentlichen. Es muss sichergestellt sein, dass alle von den Verlagen belieferten Händler über den jeweils geltenden Preis informiert sind oder sich die erforderlichen Informationen verschaffen können. In erster Linie kommen hierfür branchentypische Datenbanken oder Mitteilungsorgane in Betracht, wie das „Verzeichnis lieferbarer Bücher" der Buchhändler-Vereinigung in Frankfurt, die „Gelben Seiten" im Börsenblatt des Deutschen Buchhandels, Barsortimentskataloge, Veröffentlichungen im Musikhandel oder in der Musiknoten-Datenbank. Entscheidend ist, dass jeder Händler über die festgesetzten Preise unterrichtet ist und seinen Kunden die Ladenpreise zuverlässig nennen kann. Bei Verlegern, die ihre Bücher lediglich regional verbreiten oder nur einen kleinen abgegrenzten Händlerkreis beliefern, ist auch die direkte Information ihrer Kunden ausreichend.

2. Preisfestsetzung für importierte Bücher (Abs. 2)

Die Verpflichtung zur Preisfestsetzung durch deutsche 2
Importeure entspricht der Regelung im österreichischen

Preisbindungsgesetz. Die Verleger deutscher Bücher haben Preise festzusetzen, die weder über- noch unterschritten werden dürfen. Die Importeure hingegen setzen eine Preisuntergrenze fest. Hat der ausländische Verleger einen Preis für Deutschland empfohlen, darf dieser einschließlich der in Deutschland geltenden Mehrwertsteuer nicht unterschritten werden. Fehlt es an einer Preisempfehlung für Deutschland, darf der Importeur denjenigen Preis unter Abzug der im Verlagsstaat anfallenden MwSt zuzüglich deutscher MwSt nicht unterschreiten, der für das importierte Buch im Verlagsstaat empfohlen oder festgesetzt ist. Importeur ist jeder deutsche Händler, der ausländische Bücher einführt, nicht aber etwa der Spediteur. Bei der Preisfestsetzung haben sie nur die vorerwähnten Untergrenzen zu beachten, können aber nach oben variieren. Damit besteht jedenfalls theoretisch die Möglichkeit zur Festsetzung unterschiedlicher Preise für importierte Bücher oberhalb der vom Gesetz verlangten Preisuntergrenze durch mehrere Importeure. Nach den Erfahrungen in Österreich ist jedoch nicht damit zu rechnen, dass Importeure von den eröffneten Abweichungsmöglichkeiten nach oben in nennenswertem Umfang Gebrauch machen.

3. Weitergabe außergewöhnlicher Einkaufsvorteile (Abs. 3)

3 Kann ein Importeur Waren im europäischen Wirtschaftsraum zu einem günstigeren als dem üblichen Einkaufspreis erwerben, darf er abweichend von Absatz 2 den maßgeblichen Mindestpreis im Verhältnis zum erzielten Handelsvorteil unterschreiten. Die branchentypischen Mengennachlässe und entsprechende Verkaufskonditionen sind Bestandteil des üblichen Einkaufspreises, rechtfertigen Preisabweichungen also nicht. Darüber hinaus sind auch Boni, die auf Gesamtumsätzen oder Umsatzsteigerungen beruhen, Naturalrabatte, Kostenzuschüsse für handelstypische verkaufsfördernde Maßnahmen des vertreibenden Unternehmens, für Sortimentsservice also, auch die laufende Bestückung

von Verkaufsregalen („Regalpflege") durch den Händler sowie Regalmieten „entsprechende Verkaufskonditionen" im Sinne des Gesetzes. Der Importeur soll nur die Möglichkeit haben, ganz besondere, außergewöhnliche Einkaufsvorteile, z.B. bei Erwerb von Büchern aus einer Insolvenzmasse, weitergeben zu können. Unter diese Ausnahmebestimmung fallen somit keine Einkaufsvorteile, die ein Importeur allein auf Grund seiner Marktstellung und der Menge der im Einkaufsstaat erworbenen Bücher erhält, weil dies „übliche Einkaufspreise" sind. Eine andere Auslegung dieser Ausnahmebestimmung würde auch dem Ziel des Gesetzes widersprechen, das ausdrücklich den Schutz der kleineren Buchhandlungen bezweckt. Keine Einkaufspreisbestandteile sind Lieferungsbedingungen wie portofreie Lieferung, Remissionsrecht, die Einräumung von Skonto und Zahlungszielen, Kosten für Zentralfakturierung (Rechnungstellung, Inkasso, Delkredere) und Kosten für Verpackungsentsorgung (Begründung zu § 7 Abs. 3).

II. Sonderpreise (Abs. 4)

Außer den Einzelverkaufs-Ladenpreisen können Verlage und Importeure auch Sonderpreise festsetzen, die der buchhändlerischen Tradition entsprechen und auch Bestandteil der bisherigen Sammelrevers-Preisbindung waren.

1. Serienpreise (Abs. 4 Nr. 1)

Sie können für eine Reihe von einzeln beziehbaren Bän- **4**
den, die denselben Autor haben oder inhaltlich-thematisch zusammengehören und die gleiche Aufmachung zeigen, die somit eine Verkaufseinheit bilden, festgesetzt werden. Die willkürliche Auswahl verschiedener Titel begründet keine „Serie". Der günstigere Preis für eine aus der Zusammenstellung mehrerer Titel gebildete Verkaufseinheit soll in angemessenem Verhältnis zu der höheren Leistung stehen, die der Kunde durch die Abnahme der Serie im Vergleich zum Einzelerwerb der Titel, die Gegenstand der

Serie sind, erbringt. Für einzelne Werke der Reihe gilt der Serienpreis nicht.

2. Mengenpreise (Abs. 4 Nr. 2)

5 Sie betreffen den Preis für eine Menge desselben Titels bei Abnahme durch einen Endabnehmer. Einen Großverbraucher-Nachlass für erhebliche Mengen verschiedener Titel sieht das Gesetz nicht vor. Ein Sonderfall des Mengenpreises sind die in § 7 Absatz 3 geregelten Sammelbestellungen von Büchern für den Schulunterricht, die überwiegend von der öffentlichen Hand finanziert werden. Der Mengenpreis gilt nur für Mengenkäufe eines Endabnehmers für den Eigenbedarf, nicht für Sammelkäufe von Mitgliedern einer Gruppe, z.B. bei dem Einkauf von Klassensätzen für eine Schulklasse oder eines Vereins, also nicht für Käufe, die zusammengefasst werden, um den Mengennachlass für das einzelne Exemplar zu erzielen. Eigenbedarf liegt auch dann vor, wenn die zum Mengenpreis bezogenen Bücher verschenkt werden, z.B. durch Firmen für ihre Kunden.

Der Mengennachlass soll der Rationalisierung beim Händler entsprechen. Er muss eine Höhe haben, die dem Sortiment noch eine Verdienstspanne ermöglicht. Daraus ergeben sich Grenzen. In der Regel wird der Nachlass 20% nicht übersteigen. Auch bei größeren Mengen dürfen 25% nicht überschritten werden, von Ausnahmefällen abgesehen, z.B. dann, wenn ein Endabnehmer größere Teile einer Auflage erwirbt. Die Abstufung des Mengennachlasses richtet sich nach den Gegebenheiten des Einzelfalles, insbesondere der Höhe des Ladenpreises, der Mindeststückzahl, der Gängigkeit des Werkes, usw. Hohe Mengenpreise, z.B. bei Taschenbüchern, können bei Werken, die im Schulunterricht verwendet werden mit (niedrigeren) Nachlassstaffeln für Schulbücher gemäß § 7 Absatz 3 des Gesetzes kollidieren. Auch für Schulbestellungen gilt dann der höhere Mengennachlass (Schreiben des BKartA vom 28. 10. 1986 B 6–745 000–V–101/86; *Franzen*, Rn. 139.1).

Die meisten Verlage legen – zumindest intern – Nachlassabstufungen fest, um sicherzustellen, dass der Mengennachlass einheitlich gehandhabt wird.

Vom Sortiment dringend gewünscht und zur Sicherheit der Preisbindung auch sehr zweckmäßig ist eine größere Transparenz der Mengenpreisregelung der Verlage. Nicht selten erhalten Buchhändler bei Rückfragen im Einzelfall nach Mengenpreisermäßigungen im Verlag unterschiedliche Auskünfte. Das Drängen des Buchhandels auf eine Veröffentlichung von Mengenpreisregelungen, orientiert an Stückzahl und Ladenpreis des jeweiligen Buches, ist deshalb berechtigt. Verlage, die bei Direktgeschäften höhere Nachlässe gewähren, als diese das dem Sortiment bei der Abwicklung gestatten, handeln unlauter und durchbrechen ihre eigene Preisbindung mit den Konsequenzen des § 9 BuchPrG.

3. Subskriptionspreise (Abs. 4 Nr. 3)

Ursprünglich bedeutete Subskription die Aufnahme von 6
Buchbestellungen bei größeren, namentlich mehrbändigen Werken bereits vor Erscheinen des ersten Bandes – teils, um das Erscheinen überhaupt, die Auflagenhöhe und den Preis vom Umfang der Subskription abhängig zu machen, teils, um die Kostendeckung gleich nach Erscheinen zu sichern. Nach dem Sammelrevers konnte der Subskriptionspreis bei einbändigen Werken und bei gleichzeitig erscheinenden mehrbändigen Werken ausnahmsweise bis zu drei Monaten nach Erscheinen angewendet werden. Die Preisermäßigung durfte in diesem Fall höchstens 20% betragen. Die Gesetzesbegründung nimmt diese Regelung ausdrücklich auf. Sie gilt also weiter. Der Subskriptionszeitraum muss von vornherein angegeben werden (BKartA im Tätigkeitsbericht 1971, 72; BGH NJW 1985, 2939). Praktisch bedeutet dies: Der Verleger muss bei Bekanntgabe des Subskriptionspreises das Ende des Subskriptionszeitraumes datumsmäßig angeben. Wird die Subskription bereits einige Zeit vor dem Erscheinen vorgesehen, kom-

men folgende Fassungen in Frage: Der Subskriptionspreis endet mit dem Erscheinen des Werkes (bzw. bei gleichzeitigem Erscheinen drei Monate danach oder nach Erscheinen des letzten Bandes oder der letzten Lieferung). Sobald das Erscheinungsdatum feststeht, ist es anzugeben.

4. Sonderpreise für Institutionen (Abs. 4 Nr. 4)

7 Der Sonderpreis entspricht dem im Sammelrevers geregelten Sonderpreis für Körperschaften. Wie bisher gilt der Preis nicht nur für die Institution selbst, sondern auch für deren Mitglieder, jedoch nur bei strenger Abgrenzung eines kleineren Mitgliederkreises und bei hohen Anforderungen an die Tatbestandsvoraussetzungen: Vertragsverhältnis, ausschlaggebende Mitwirkung. Die Preisermäßigung soll einen wesentlichen Beitrag der Institution zum Erscheinen des Buches honorieren. Deshalb genügen Werbung und Mitwirkung beim Vertrieb nicht, auch nicht für sich allein die Autorenschaft eines Mitglieds der Institution. Die Institution meint die einzelnen Institute, nicht etwa die ganze Universität, das einzelne Amt, nicht alle Behörden eines Landes, das einzelne Unternehmen, nicht den ganzen Konzern.

5. Sonderpreise für Abonnenten (Abs. 4 Nr. 5)

8 Die Veröffentlichung muss von der Redaktion der Zeitschrift als solche herausgebracht werden und sowohl inhaltlich als auch formell, z.B. durch Hinweis auf dem Titelblatt, in Zusammenhang mit der Zeitschrift stehen. Sie sollte als eine Zusatzleistung der Redaktion für ihre Abonnenten angesehen werden können. Eine willkürliche Koppelung zur Vertriebsförderung genügt nicht. Insbesondere werden Gutscheine für Abonnenten zum verbilligten Bezug der Bücher des gleichen Verlages nicht erfasst.

6. Teilzahlungszuschläge (Abs. 4 Nr. 6)

9 Es handelt sich in der Sache nicht um einen Sonderpreis, vielmehr um eine Konsequenz daraus, dass der Ladenpreis

ein Barzahlungspreis ist. Der Verlag kann solche Zuschläge festsetzen. Geschieht das nicht, hat der Sortimenter sie von sich aus zu berechnen.

Kreditgeschäfte ohne Zuschlag verstoßen gegen die Preisbindung. Der Händler gibt nicht nur das Buch, sondern auch einen Kredit. Indem er auf den Kreditzuschlag verzichtet, ermäßigt er den Preis. Gravierend ist der Verstoß, wenn mit der Kreditgewährung ohne Zuschlag besonders geworben wird.

Der Zuschlag kann schon bei kurzfristiger Stundung er- 10
folgen, nach buchhändlerischem Brauch muss er aber erst bei Kredit über 60 Tagen genommen werden (so auch § 7 Abs. 2 der früheren Verkaufsordnung (Teil der VVO) in der zuletzt veröffentlichten Fassung vom 29. 9./24. 11. 1958, Börsenblatt 1959 S. 33 ff.). Daher ist bei Zahlung mittels Kreditkarte und dadurch bewirkter Stundung ein Zuschlag in Höhe der Provision, die der Buchhändler an das Kreditkarten-Institut zu zahlen hat, preisbindungsrechtlich zwar zulässig, aber nicht notwendig. Denn einerseits ist die Provision bei manchen Instituten nicht unerheblich; auch hat der Buchhändler den Buchungsaufwand. Andererseits bleibt die Zahlungsfrist unter 60 Tagen, auch zahlt der Kunde selbst – und darauf kommt es an – den vollen Ladenpreis.

Der Zuschlag muss der Stundungsleistung annähernd 11
entsprechen. Sie besteht aus Zinsverlust, Kreditrisiko und Bearbeitungskosten (Buchungs- und Mahnaufwand). Im Versandbuchhandel bewegen sich die Zuschläge um 10%. Eine schematische Anwendung dieses Prozentsatzes wäre jedoch unangebracht. Richtiger ist die Kalkulation nach Zinsniveau und Kreditdauer. Bei Zinsleistung von etwa einem halben Prozent pro Monat wäre ein Kreditzuschlag von etwa ein Prozent pro Monat für einen jeweils noch geschuldeten Betrag angemessen (oder ein gleich bleibender Durchschnittszuschlag; 10% entsprächen dann einem Teilzahlungszeitraum von 20 Monatsraten).

Für Verlagserzeugnisse, die auf Teilzahlungsbasis ver- 12
trieben werden (so insbesondere vom Versandbuchhandel)

setzt der Verlag oft Teilzahlungszuschläge fest. Dabei sollte er angeben, von welchen Teilzahlungsbedingungen er ausgeht, z. B. von 12-Monats-Raten. Bewilligt der Händler abweichende Raten, muss er den Zuschlag entsprechend variieren.

7. Kumulierung von Sonderpreisen und Nachlässen (Kombination)

13 Nach Sinn, buchhändlerischer Tradition und Praxis der Verlage ist sie grundsätzlich nicht zulässig. Konfliktsfälle sind selten. Ausnahmen: Der Serienpreis ist der Normalpreis für eine besondere Verkaufseinheit, der Subskriptionspreis der Normalpreis für begrenzte Zeit. Auf sie können z. B. Mengennachlässe gewährt werden.

III. Unterschiedliche Preise für verschiedene Ausgaben (Abs. 5)

1. Allgemeine Grundsätze

14 § 5 Abs. 1 begründet die Verpflichtung, einen Endpreis für „die Ausgabe eines Buches“ festzusetzen. Ein Verlag darf also nicht das gleiche Werk gleichzeitig in gleicher oder fast gleicher Ausstattung zu unterschiedlichen Preisen vertreiben (unzulässige Zweigleisigkeit). Von einem Vertrieb von Parallelausgaben hingegen spricht man, wenn die Ausgaben ungleich gestaltet sind, z. B. die Parallelausgaben der Buchgemeinschaften. Unterschiedliche Preisfestsetzungen durch Verleger, Importeure oder Lizenznehmer sind zulässig, wenn sie sachlich gerechtfertigt sind. In Betracht kommen Taschenbuchausgaben, Buchclub-Ausgaben, Reader-Ausgaben, Sonder-Ausgaben verschiedener Art, auch Ausstellungskataloge (BT-Drucks. 14/9422 S. 13). Das Gesetz verzichtet auf Abgrenzungskriterien zur Bestimmung der sachlichen Rechtfertigung im Hinblick darauf, dass die verschiedenen Formen solcher Ausgaben sehr

unterschiedliche Eigenheiten haben und ihre Zulässigkeit jeweils nur im Einzelfall beurteilt werden kann (Bericht des Ausschusses für Kultur und Medien, BT-Drucks. 14/9422, S. 12). Für die rechtliche Zulässigkeit des Angebots eines Titels zu verschiedenen Endpreisen seien vor allem folgende Faktoren entscheidend: Höhe des Preisunterschieds, Ausstattungsunterschied, Erscheinungszeitpunkt und Mitgliedschaftsbindung des Käufers (bei Buchgemeinschaftsausgaben). Damit werden diejenigen Kriterien aufgenommen, die in diesem sehr schwierigen komplexen Bereich zur Parallelausgabenproblematik von BKartA und Rechtsprechung zur vertikalen Preisbindung auf der Grundlage privatrechtlicher Verträge zunächst für Markenartikel und später für Bücher zum Schutz des zur Einhaltung der Preisbindung verpflichteten Letztverkäufers entwickelt wurden, (ausführlich zur Parallelausgabenproblematik *Franzen*, Rn. 84 ff. und *Gläser; Fikentscher/Krauss* in GemK § 16 Rn. 196; *Emmerich*, IM § 15 Rn. 134 f.; KG WuW/E/OLG 1128 (1130); OLG Frankfurt NJW-RR 1986, 262 [263]). Wenn durch die Preisbindung dem Einzelhändler ein so wichtiger Wettbewerbsparameter wie das Recht zur freien Preisgestaltung genommen wird, muss er vor Preisunterbietungen durch konkurrierende Händler geschützt sein, aber auch davor, dass ein Verlag seine eigene Preisbindung dadurch umgeht, dass er eine preisgünstigere Sonderausgabe vertreibt, die sich in den Augen des Käufers gar nicht oder nur unwesentlich von der Originalausgabe unterscheidet. In gleicher Weise kann auch ein Lizenzverlag durch Festsetzung eines von dem der Originalausgabe abweichenden Preises mit den sich aus § 9 BuchPrG ergebenden Konsequenzen gegen das Gesetz verstoßen.

Nach früherer Rechtslage konnte das BKartA im Rahmen seiner Missbrauchsaufsicht nach § 15 a. F. GWB die Preisbindung für die Originalausgabe aufheben, wenn die unterschiedliche Preisfestsetzung für eine Parallelausgabe sachlich nicht gerechtfertigt war. Außerdem konnten in Fällen missbräuchlicher Preisgestaltung die durch Sammel- 15 revers vertraglich gebundenen Buchhändler nicht länger zur Einhaltung der Preisbindung nach Treu und Glauben gemäß § 242 BGB verpflichtet werden. Einen Anspruch gegenüber dem Verlag, es zu unterlassen, gleiche oder gleichwertige Ausgaben zu einem niedrigeren als dem gebundenen Preis der Originalausgabe zu vertreiben oder vertreiben zu lassen, gewährte die Rechtsprechung bei vertraglichen Preisbindungssystemen nicht. Begründung: Dies würde dem Verlag die ihm (damals) vom Gesetz gewährte Entscheidungsfreiheit über die Preisbindung nehmen (OLG Frankfurt a. a. O., Erläuterungen hierzu durch *Wallenfels,* Börsenblatt 75/1985, S. 2369 f.).

16 Nach Inkrafttreten des BuchPrG verkehren sich die Rechtsfolgen: Beim Verstoß gegen § 5 wird der Buchhändler nicht aus der gesetzlichen Verpflichtung zur Einhaltung der Preisbindung entlassen. Er kann aber von dem Verleger oder Importeur, der unter Verletzung von § 5 Abs. 1 Preise festsetzt, Unterlassung und Schadenersatz gemäß § 9 BuchPrG verlangen. In der Festsetzung unterschiedlicher Preise ohne sachliche Rechtfertigung kann auch eine Irreführung der Verbraucher gemäß §§ 1, 3 UWG liegen, weil sie nicht darüber unterrichtet wurden, dass sie eine aus ihrer Sicht durchaus vergleichbare Ausgabe zu einem niedrigeren Preis als dem der Originalausgabe hätten erwerben können (*Fikentscher/Krauss* in GemK, § 17 Rn. 31; *Baumbach/Hefermehl,* § 3 UWG Rn. 327). Rechtlich unproblematisch ist der Parallelvertrieb von Büchern, die zwar den gleichen Inhalt haben, sich aber in ihrer Ausstattung so stark unterscheiden, dass sie als verschiedene Bücher anzusehen sind. Das gilt für Taschenbücher und Paperback-Ausgaben im Vergleich zu gebundenen Hardcover-Ausgaben. Für Bücher mit derart starken äußeren Abweichungen können ohne jede Einschränkung unterschiedliche Preise kalkuliert und festgesetzt werden. Preisdifferenzen sind im Hinblick auf die sehr abweichende „äußere Anmutung" aus der Sicht des Käufer ohne weiteres verständlich und sachlich gerechtfertigt. Anders hingegen bei Ausgaben, die zwar nicht identisch sind (dann wären Preisunterschiede ohnehin unzulässig), aber aus der Sicht des Käufers in ihrer Ausstattung sehr ähnlich sind.

2. Buchclub-Ausgaben

Diese Probleme haben insbesondere bei Buchgemein- 17
schaftsausgaben Kartellbehörden und Gerichte über viele Jahre hinweg beschäftigt. Ihre Besonderheiten beruhen auf vier Kriterien:

- Unterschiedlichkeit der Ausstattung
- zeitlicher Abstand zwischen dem Erscheinen der Originalausgabe und der Buchgemeinschaftsausgabe
- Größe des Preisunterschiedes
- Tragweite der Abnahmeverpflichtung.

Die sachliche Rechtfertigung für Preisunterschiede zur Originalausgabe hängt davon ab, wie diese Faktoren zusammenwirken. Je geringer die Unterschiede zur Ausstattung der Buchgemeinschaftsausgabe und je enger der zeitliche Abstand ihres Erscheinens einerseits, je niedriger der Preis und je schwächer die Abnahmeverpflichtung andererseits, umso eher lassen sich preisliche Unterschiede sachlich nicht rechtfertigen (vgl. die Übersicht über die Spruchpraxis des BKartA und die Rechtsprechung zu Buchclub-Ausgaben bei *Wallenfels*, Börsenblatt 34/2002, S. 7ff.). In dem Bestreben, praktikable, handliche Richtlinien für Lizenzverhandlungen zwischen Verlagen und Buchclubs zu schaffen, verständigten sich unter Mitwirkung des Bundeskartellamts 1994 Verleger, Sortimenter und Vertreter der Buchgemeinschaften im Börsenverein des Deutschen Buchhandels auf die Anwendbarkeit von Rechtsgrundsätzen, die aus der Rechtsprechung und der Spruchpraxis des Bundeskartellamts erarbeitet wurden, den sogenannten „Potsdamer Kriterien“ (abgedruckt in Börsenblatt 93/1994, S. 9f.). Diese preisbindungsrechtlichen Kriterien für Buchgemeinschaftsausgaben, konzipiert während der Buchhändlertage in Potsdam 1994, konkretisieren die klassischen vier Erfordernisse für eine die Preisbindung der Originalausgabe nicht gefährdende Buchgemeinschaftsausgabe: Mitgliedschaftsbindung, Zeitabstand, Ausstattungsunterschied und Preisdifferenz. Die größten Schwierigkeiten bereitete die Definition des zwischen dem Erscheinen der Originalausgabe und dem einer Buchgemeinschaftsausgabe einzuhaltenden Zeitabstands. Als „wünschenswert und üblich" wurde eine Spanne von 9 bis 12 Monaten bezeichnet, mindestens aber von 6 Monaten, bezogen auf die jeweiligen Erstverkaufstage in Sortiment und Buchgemeinschaft. Die Ankündigung der Buchhandelsausgabe darf hiernach maximal 14 Tage vorher, im Falle des ersten Quartals des Folgejahres (Erstverkaufstag ab 1. Januar), jedoch nicht vor Weihnachten erfolgen. Die Frist von sechs Monaten gilt als gewahrt, wenn ein spätestens im Mai in der Originalausgabe erschienener Titel ab 15. November im Buchgemeinschafts-Weihnachtskatalog angeboten wird und ebenfalls dann, wenn zwischen dem Erscheinen (Erstverkaufstag) der Originalausgabe und dem der Buchgemeinschafts-Ausgabe ein Weihnachtsgeschäft liegt, das als eine ganz entscheidende Zäsur angesehen wird. Der Zeitabstand kann geringer als sechs Monate sein und gegen Null reduziert werden, wenn es sich um ein Werk handelt, das von sehr kurzlebiger Aktualität ist (z.B. Olympiade-Buch) oder wenn das Werk an eine aktuelle Hörfunk- oder Fernsehsendung von mindestens vier Folgen oder an einen aktuellen Kinofilm angehängt ist.

18 Nicht ausdrücklich erwähnt werden sogenannte „Premiere"-Titel, Werke also, die zuerst als Lizenzausgabe im Buchclub erscheinen, während die Originalausgabe über das Sortiment erst zu einem späteren Zeitpunkt erhältlich ist. Die „Potsdamer Kriterien" gelten auch für solche Ausgaben: Wenn in der Regel nicht einmal das zeitgleiche Erscheinen von Buchclub- und Original-Ausgaben zulässig ist, muss erst recht das vorzeitige Erscheinen der Club-Ausgabe unzulässig sein. Der Sinn dieser Regelung liegt darin, dass der Buchhandel, um den Preisnachteil der Bindung an den höheren Ladenpreis der Original-Ausgabe ausgleichen zu können, den Vorteil der zeitlichen Priorität haben muss. Das Erscheinen der Club-Ausgabe vor der Original-Ausgabe hat für ihn einen doppelten Nachteil: Er kann seinen Kunden die Buchhandels-Ausgabe erst nach der Club-Ausgabe anbieten und dies auch noch zu einem höheren Preis. „Premieren" im Buchclub sind also nur dann preisbindungsrechtlich zulässig, wenn der Preisabstand zur nachfolgenden Buchhandels-Ausgabe nicht mehr als 10 bis 20% beträgt, also die allgemeine Regelung für den zeitlich parallelen Vertrieb gleichwertiger, aber äußerlich unterschiedlicher Ausgaben gilt (Rn. 21). Auch Gerichte und Bundeskartellamt haben dem Zeitabstand zum Schutz des Sortiments vor Wettbewerbsverschiebungen, die die Preisbindung gerade verhindern soll, besondere Bedeutung zugemessen, zumal die Ausstattungsunterschiede der Buchclub-Ausgaben von den Buchkäufern nicht als sonderlich ins Gewicht fallende geringere Wertigkeit angesehen werden (*Wallenfels,* Börsenblatt 34/2002, S. 7ff.)

Ausstattungsunterschied. Aus der Sicht des Käufers muss deutlich werden, dass es sich um unterschiedliche Bücher handelt. Papier und Satz dürfen identisch sein, nicht jedoch der Einband und der Schutzumschlag. Die Ausstattungsunterschiede müssen umso größer sein, je geringer der Zeitabstand ist. 19

Preisdifferenz. Die Preisermäßigung bei Buchclub-Ausgaben ist ein Äquivalent dafür, dass der Käufer Mitglied in einem Buchclub werden und regelmäßige Abnahmeverpflichtungen eingehen muss. Nach bisheriger Spruchpraxis des BKartA und der Rechtsprechung ist zu erwarten, dass je nach der Gestaltung der drei Faktoren Wertunterschied, Zeitabstand und Abnahmeverpflichtungen Preisermäßigungen bei Buchclub-Ausgaben bis zu 40%, von oben gerechnet, von der Rechtsprechung auch weiterhin nicht beanstandet werden. Allerdings schöpfen die Buchgemeinschaften diesen Rahmen zumeist nicht aus. Im Rahmen der 40%-Grenze (als Höchstgrenze in Fällen 20 großer Zeitdifferenz, strenger Abnahmebedingungen und deutlichen Wertunterschiedes) sind alle Umstände zu berücksichtigen: Je kleiner der zeitliche Abstand zwischen Erscheinen der Originalausgabe und dem der Buchgemeinschaftsausgabe, umso kleiner der zulässige Preisunterschied. Wird die Frist von mindestens 6 Monaten in den oben angeführten Ausnahmefällen bei Büchern besonderer Aktualität zulässigerweise unterschritten, darf nach den „Potsdamer Kriterien" der Preisabstand bei Erscheinen im selben Monat wie die Original-Ausgabe 15% nicht übersteigen und kann mit jedem Monat späteren Erscheinens um je 1% auf höchstens 20% vergrößert werden.

3. Andere Sonderausgaben, insbesondere Reader

21 Was gilt für Lizenzausgaben außerhalb von Buchclubs? Da hier die Mitgliederbindung mit der Verpflichtung zu regelmäßiger Abnahme fehlt, kann die Faustregel über eine Preisdifferenz für Parallelausgaben im Buchclub bis zu 40% nicht angewandt werden. Für andere Sonderausgaben dürfte der in einem Brief des BKartA an den Börsenverein vom 22. 8. 1973 (Az.: 745100-QX-43/70) für Parallelausgaben genannte Pauschalsatz von 20% als oberste Grenze zutreffend sein (vgl. *Franzen,* Rn. 92.1). Wird also ein Buch während eines gleichen Zeitraums in zwei nicht gleichen, aber doch nahezu gleichwertigen Ausgaben vertrieben (durch den Original-Verlag selbst oder mit der zweiten Ausgabe durch einen Lizenz-Verlag, der keine Buchgemeinschaft ist), darf die billigere Ausgabe den gebundenen Preis der Original-Ausgabe nicht um mehr als 10 bis 20% unterschreiten. Innerhalb dieses Rahmens fallen die sonstigen Umstände ins Gewicht: Je verschiedener die Ausgaben und je größer der Zeitabstand der Lizenzausgabe, umso eher 20%.

Reader-Ausgaben. Im Sommer 1999 erschienen erstmals bei Weltbild sogenannte „Reader"-Ausgaben, die im Buchhandel unterschiedlich bewertet wurden. Die Buchclubs befürchteten in dieser neuen Verwertungsform eine ernsthafte Beeinträchtigung ihrer Wettbewerbschancen, die eine Modifizierung der Potsdamer preisbindungsrechtlichen Kriterien, nämlich die Reduzierung der dort normierten Zeitabstände, erforderlich mache. Die Verleger sahen mehrheitlich in dem neuen Buchtyp eine interessante Erweiterung ihrer Möglichkeiten zur Verwertung von Nebenrechten durch Lizenzvergabe. Die Reader-Ausgaben sind eine Zwischenform zwischen Hardcover- und Paperback-Taschenbuch. Sie sind einer Hardcover-Ausgabe nicht gleichwertig, so dass die vorstehende Regelung (maximal 20% Preisabstand) nicht anzuwenden ist. Andererseits sind sie im Gegensatz zu Taschenbuch- und Paperback-Ausgaben nicht soweit von der Hardcover-Ausgabe entfernt, dass jegliche Vergleichbarkeit entfiele. Da es das BKartA bei der Abgrenzung des Vertriebs von Original-Ausgaben über den verbreitenden Buchhandel gegenüber dem Buchclub-Vertrieb der Buchbranche überlassen hatte, die Abgrenzungskriterien (Ausstattungsunterschiede, Zeitabstand, Abnahmeverpflichtungen für Clubmitglieder und Preisabstand) in ihrer wechselseitigen Abhängigkeit im Einzelnen auszufüllen, bemühten sich Vertreter der verschiedenen Sparten des Buchhandels wie bei den „Potsdamer Kriterien“ um eine Weiterentwicklung dieser Kriterien für die neue Reader-Buchform. Der erzielte Branchenkonsens, dem sich allerdings die Buchclubs nicht anschließen wollten, beinhaltet nachfolgende Regelungen, die vom BKartA als Konkretisierung der preisbindungsrechtlichen Regeln für diese Buchform akzeptiert wurden:

- Es muss ein deutlicher Ausstattungsunterschied mit differierender Wertigkeit zwischen Original- und Reader-Ausgabe bestehen, deutlich u. a. durch kleineres Format, geringere Papierqualität, fehlender Schutzumschlag, fehlende Einbandklappen.
- Es ist ein Zeitabstand von 15 Monaten zur Originalausgabe wünschenswert. Er muss mindestens aber 12 Monate betragen. Für den Fall, dass nach sechs Mona-

ten eine Hardcover-Ausgabe des Titels in einer Buchgemeinschaft erscheint, verlängert sich der Zeitabstand für Reader-Ausgaben bei Herbst-Novitäten auf 14 Monate und für Frühjahrs-Novitäten auf 16 Monate. Das bedeutet, dass die Reader-Ausgabe im Weihnachtsgeschäft des Folgejahres auf den Markt kommen kann und der Verwertungszeitraum für beide Ausgaben (Club und Reader) je ca. neun Monate beträgt.

– Bei Readern ist ein Preisabstand von 35%, maximal jedoch 40% zur Originalausgabe möglich.

Auch hier gilt, wie bei den „Potsdamer Kriterien", dass die verschiedenen Faktoren in Wechselwirkung zueinander stehen: Je kürzer der Zeitabstand, umso größer der Ausstattungsunterschied und umso geringer der Preisabstand; je größer die Ausstattungsunterschiede, umso größer Preis- und Zeitabstand; je höher der Preisabstand, umso größer der Zeitabstand und Ausstattungsunterschied.

Das Parallelausgaben-System enthält – wie die vorstehenden Rechtsprobleme und die Praxis verdeutlichen – den meisten Zündstoff gegen das Gebäude der Buchpreisbindung. Seine kontinuierliche Ausweitung wird buchhandelspolitisch mit Sorge betrachtet. Deshalb ist die Bereitschaft im Buchhandel, einen Konsens über eingrenzende Rechtsgrundsätze zu erzielen, wie dies bei den Buchclub- und Reader-Ausgaben gelungen ist, zu begrüßen.

4. Preisabstandsvereinbarungen

22 Ein Sonderproblem der Parallelausgaben ist die Unzulässigkeit von Preisabstandsvereinbarungen für Lizenz-, insbesondere Buchgemeinschafts-Ausgaben. Der BGH sieht eine Klausel als nichtig an gemäß § 15 (jetzt § 14) GWB an, die den Lizenzgeber verpflichtet, einen zahlenmäßig festgelegten Mindestabstand zum Ladenpreis der Lizenzausgabe nach oben einzuhalten (WuW/E BGH 2190). Nichtsdestoweniger bestehe, so der BGH, eine ohnehin gegebene Treuepflicht des Lizenzgebers: Nach Sinn

und Zweck des Lizenzvertrages habe der Lizenzgeber dem Lizenznehmer die angemessene Ausnutzung der Lizenz zu ermöglichen. Er „darf daher nicht selbst oder über Dritte anderweitige Ausgaben herausgeben, die preislich in der Nähe des üblichen Taschenbuchpreises liegen. Die Lizenzverträge enthalten daher bereits nach Treu und Glauben, also ohne ausdrückliche Vereinbarung, eine Verpflichtung des Lizenzgebers zur Einhaltung eines angemessenen preislichen Abstandes zu dem normalen Taschenbuchpreis".

§ 6 Vertrieb

(1) **Verlage müssen bei der Festsetzung ihrer Verkaufspreise und sonstigen Verkaufskonditionen gegenüber Händlern den von kleineren Buchhandlungen erbrachten Beitrag zur flächendeckenden Versorgung mit Büchern sowie ihren buchhändlerischen Service angemessen berücksichtigen. Sie dürfen ihre Rabatte nicht allein an dem mit einem Händler erzielten Umsatz ausrichten.**

(2) **Verlage dürfen branchenfremde Händler nicht zu niedrigeren Preisen oder günstigeren Konditionen beliefern als den Buchhandel.**

(3) **Verlage dürfen für Zwischenbuchhändler keine höheren Preise oder schlechteren Konditionen festsetzen als für Letztverkäufer, die sie direkt beliefern.**

Übersicht

I. Handelsspannen und Konditionen

1. Orientierung an Vertriebsleistung und Service der Buchhandlungen (Abs. 1)

1 Der in § 1 definierte Zweck des BuchPrG, der Schutz des Kulturgutes Buch durch Sicherung des Erhalts eines breiten Angebots mit flächendeckender Versorgung der Bevölkerung, wird wesentlich durch eine große Zahl von kleineren und mittleren Buchhandlungen gewährleistet. § 6 reguliert die Auswirkungen der Preisbindung auf die unterschiedlichen Vertriebsformen. Nach dem BuchPrG sind lediglich die beim Verkauf an Endabnehmer zu berechnenden Preise (Preisbindung der letzten Hand) gebunden. Lieferungen der Verlage an Zwischenbuchhändler oder Letztverkäufer oder von Zwischenbuchhändlern an Wiederverkäufer unterliegen nicht der Preisbindung. Konditionen können also grundsätzlich zwischen den Marktteilnehmern frei ausgehandelt werden. Dennoch setzt die Preisbindung auch hier Grenzen, die sich aus ihrem Sinn und Zweck ergeben. Ihr Ziel ist schließlich, die optimale Verbreitung von Literatur zu sichern, wofür der Erhalt eines dichten buchhändlerischen Vertriebsnetzes, vorwiegend aus kleineren und mittleren Firmen bestehend, die Voraussetzung schafft. Bis zum Inkrafttreten des BuchPrG hatte das BKartA eine Missbrauchsaufsicht über die Bemessung der Handelsspannen: Hiernach wurde eine Preisbindung missbräuchlich im Sinne von § 15 a.F. GWB gehandhabt, wenn die Handelsspanne zu hoch oder zu niedrig war oder ihre Staffelung nicht sachlich gerechtfertigt erschien. Die Missbrauchsaufsicht des BKartA umfasste ein Kontrollrecht für die Angemessenheit der sich aus der Preisbindung ergebenden Handelsspannen. Das BKartA überprüfte Handelsspannen unter doppeltem Gesichtspunkt (WuW/E BKartA 1311 ff.):

a) Waren die Handelsspannen für Großabnehmer, z.B. Warenhäuser, die zudem kostengünstiger als sonstige

Einzelhändler arbeiten können, so hoch, dass diese durch das Rabattsystem begünstigten Handelsunternehmen nicht wirtschaftlich, sondern nur rechtlich durch den Preisbindungsvertrag daran gehindert wurden, erzielte Einkaufsvorteile an die Endverbraucher durch niedrigere als die gebundenen Preise weiterzugeben, war dies ein Fall des Missbrauchs durch verteuernde Wirkung der Preisbindung.

b) Eine Staffelung und Kumulierung von Handelsspannen, die sich an der Abnahmemenge orientiert, kann nicht nur zu einer Verteuerung, sondern auch zu einer Diskriminierung kleinerer Händler führen, worin ebenfalls ein Missbrauch der Preisbindung liegt. In einer Stellungnahme gegenüber dem Börsenverein wies das BKartA darauf hin, dass eine Rabattstaffelung, die sich allein auf die Abnahmemenge ausrichtet, missbräuchlich sein kann, wenn sie den kleineren auf buchhändlerischen Service ausgerichteten Sortimenter in seiner Wettbewerbsfähigkeit beeinträchtigt (Börsenblatt 7/1990, S. 212 ff.). Nach ständiger Verwaltungspraxis sah das BKartA in der Gewährung von Handelsspannen an Sortimentsfirmen, die 50% übersteigen, einen Missbrauch der Preisbindung. Für den Versandbuchhandel wollte sich das BKartA wegen dessen gegenüber dem Sortimentsbuchhandel unterschiedlicher Kostenstruktur nicht in dieser Form festlegen, geringfügige Überschreitungen der für den stationären Buchhandel geltenden Höchstgrenze wurden nicht beanstandet.

Auch zu niedrige Handelsspannen können nach Auffassung des BKartA missbräuchlich sein, weil die Preisbindung dem Handel die sonst gegebene Möglichkeit nimmt, einen seinen Bedürfnissen entsprechenden und auf dem Markt zu erzielenden Preis selbst festzusetzen. Also muss der Preisbinder über die Handelsspanne für eine auskömmliche Rendite des Buchhandels sorgen. Allerdings kommt es hierbei nicht allein auf die Rabatthöhe, sondern auch auf den Preis des jeweiligen Buches an, weil auch ein geringerer Rabatt bei einem hochpreisigen Buch ein angemessenes Entgelt für den Buchhandel sein kann. Deshalb hat das BKartA vermieden, sich – anders als beim Höchstrabatt – auf einen bestimmten Mindestrabatt festzulegen. Da das Gesetz ausdrücklich auf den von kleineren Buchhandlungen erbrachten Beitrag bei der Verwirklichung des Gesetzeszweckes der flächendeckenden Versorgung mit Büchern verweist, ist hieraus die Verpflichtung der Verlage zu folgern, diese Buchhändler durch eine angemessene Handelsspanne in die Lage zu versetzen, die ihnen vom Gesetzgeber zugewiesenen Aufgaben zu erfüllen.

2 Das BuchPrG nimmt diese Rechtsgrundsätze auf und verpflichtet die Verleger dazu, die den Händlern gewährten Rabatte nicht allein an deren Umsatz auszurichten, sondern auch den Beitrag der Händler zur flächendeckenden Versorgung mit Büchern sowie ihren buchhändlerischen Service angemessen zu berücksichtigen. Das Gesetz verzichtet auf eine nähere Definition der Angemessenheit und insbesondere auf die Festsetzung von Höchst- oder Mindestrabatten in der Erwägung, dass diese Regelung im Einzelfall zu beurteilen sei und nicht für jeden Fall an einem Kriterium, Quoten etc. festgemacht werden könne (Begründung zu Absatz 1). Zur Ausfüllung des Begriffs der Angemessenheit kann aber auf die Spruchpraxis des BKartA zurückgegriffen werden, weil das BuchPrG mit der Verpflichtung zur Festsetzung von Ladenpreisen in gleicher Weise wie die bisher eröffnete Möglichkeit nach § 15 a. F., die Preise für Verlagserzeugnisse zu binden, auf die Förderung kleinerer und mittlerer Buchhandlungen abzielt, dies jetzt sogar ausdrücklich. So auch das sogenannte „Spartenpapier“, das vom Buchhandel selbst aufgestellte Verhaltensgrundsätze formuliert (Börsenblatt 77/1984, S. 22). Darin heißt es, dass die Erhaltung der Lebensfähigkeit einer Vielzahl von Firmen auf allen Stufen bei allen marktpolitischen Maßnahmen, insbesondere auch bei der Festlegung von Konditionen, ausschlaggebend sein soll. Die Verlage verpflichten sich hiernach, bei ihrer Konditionengestaltung darauf zu achten, dass auch

kleinere Sortimenter und Barsortimenter wettbewerbsfähigfähig bleiben. Die betriebswirtschaftlich an sich nicht unvernünftige Überlegung, Händlern mit besonders hohen Umsätzen entsprechend hohe Rabatte einzuräumen, findet somit ihre Grenze am kulturpolitischen Ziel der Buchpreisbindung, auch abseits der Ballungsgebiete in strukturschwachen Regionen Buchhandel möglich zu machen. Würden solche betriebswirtschaftlich einleuchtenden, mit dem Preisbindungszweck aber unvereinbaren Überlegungen akzeptiert, wäre das Buch eine Ware wie jede andere. Das aber will das Gesetz gerade nicht.

Handelsspannen-Differenzierungen müssen sich also am Zweck der Preisbindung messen lassen: Bei der Festlegung von Rabatt-Staffeln müssen die preisbindenden Verlage darauf achten, dass das Ausmaß der Staffelung großen Händler-Kunden keine Vergünstigungen gewähren darf, die die Vorteile überschreiten, die der Hersteller durch die Abnahme größerer Mengen hat. Problematisch sind vor allem filialisierten Großunternehmen gewährte Umsatzrabatte für alle Einkäufe, bei denen der Rationalisierungsvorteil der großen Menge fehlt. Kleineren Sortimentsfirmen mit vollem buchhändlerischem Service muss ein günstigerer Rabatt eingeräumt werden, als dies der reinen Umsatzbetrachtung entspräche. Müssten kleinere Fachgeschäfte, bei denen höhere Kosten anfallen, mit einem geringeren Handelsaufschlag als Großunternehmen auskommen, erhielten Letztere einen ungerechtfertigten Wettbewerbsvorsprung, wenn das Ausmaß der Staffelung in keinem angemessenen Verhältnis zu den Vorteilen steht, die der Hersteller durch die Abnahme größerer Mengen hat. Eine lineare Orientierung der Händlerspannen am Umsatz führt somit grundsätzlich zu einer Diskriminierung kleinerer Buchhandlungen, bei denen tendenziell höhere Kosten anfallen. Die Gewährung von Rabatten in unterschiedlicher Höhe hat sich also insbesondere an Verteilerleistungen zu orientieren. Die Rabatthöhe soll die spezifischen Vertriebsleistungen der einzelnen Händler honorieren und nicht allein den getätigten Umsatz. Rabattspreizungen, die dies nicht berücksichtigen, sind unzulässig. Ein Branchenkonsens wie bei den Parallelausgaben über hierüber zu beachtende Rechtsgrundsätze könnte somit drohende gerichtliche Auseinandersetzungen zwischen Verlagen und benachteiligten Buchhändlern vermeiden. Dies ist auch ein besonders wichtiges Argument zur Rechtfertigung der Preisbindung für Bücher: Die Preisbindung setzt der Spannenmaximierung rechtliche Grenzen, die es in Ländern ohne Preisbindung nicht gibt mit der Folge, dass z.B. durch aggressiven Preiswettbewerb in den USA und England marktstarke Handelsketten ihre günstigen Einkaufskonditionen nutzen, um unabhängige Handelsfirmen, die teurer einkaufen müssen, vom Markt zu verdrängen. Die Preisbindung begrenzt also die Einkaufsmacht großer Unternehmen und wirkt somit konzentrationshemmend.

2. Konditionen für branchenfremde Unternehmen (Abs. 2)

3 Verlage können nach Belieben auch branchenfremde Zwischenhändler oder Letztverkäufer beliefern. Dies darf jedoch nicht zu günstigeren Preisen oder Konditionen geschehen als gegenüber dem Fachbuchhandel, weil durch Verlagerung wirtschaftlich besonders interessanter Geschäfte auf branchenfremde Unternehmen die Existenzgrundlage des Buchhandels ausgehöhlt werden könnte. Gemeint sind in erster Linie Unternehmen, die im Bereich der Nebenmärkte tätig sind, z.B. Geschäfte, in denen Papier-, Büro- und Schreibwaren, aber keine Bücher, geführt werden, Fachgeschäfte anderer Branchen sowie Filialunternehmen (Billigmarktketten, Super- oder Verbrauchermärkte) und Tankstellen. Bei solchen Firmen organisieren häufig Verlage oder damit beauftragte Unternehmen ein sogenanntes „Rack-Jobbing“ und übernehmen die komplette Regalpflege. Werden Bücher sowohl über den Fachhandel als auch über solche Märkte vertrieben, dürfen diese, selbst wenn sie durch größere Abnahmemenge und schnelleren Warenumschlag für einzelne Titel den Verlagen interessante Vertriebsmöglichkeiten bieten, nicht günstige-

re Konditionen als der Buchhandel erhalten. Eher ist unter Berücksichtigung der in Absatz 1 betonten Orientierung der Handelsspanne an flächendeckender Versorgung und buchhändlerischem Service der Schluss zu ziehen, dass es zur Diskriminierung des Fachhandels käme, würde der Nichtfachhandel, der in der Regel keinen buchhändlerischen Service und nur eine geringe Sortimentsbreite bietet, deshalb auch günstigere Kostenstrukturen hat, zu Fachhandels-Konditionen beliefert. Umso mehr dann, wenn die Kalkulation der gebundenen Preise auf die ungünstigere Kostenstruktur des Fachhandels abgestellt ist. Die Belieferung solcher Märkte zu Buchhandelskonditionen ist somit preisbindungsrechtlich außerordentlich problematisch.

3. Zwischenbuchhandels-Konditionen (Abs. 3)

Auch diese Regelung dient dem Gesetzeszweck des Er- 4
halts eines dichten buchhändlerischen Vertriebsnetzes, vor allem in strukturschwachen Gebieten. Das Gesetz honoriert die wichtige, dem Zwischenbuchhandel hierbei zufallende Funktion, auch kleinere Buchhandlungen in strukturschwachen Gebieten innerhalb kürzester Zeit mit einem breiten Titelangebot zu beliefern. Verlage, die eine solche Versorgung mit Büchern nicht selbst sicherstellen können oder wollen und deshalb den Zwischenbuchhandel in ihr Vertriebssystem einbeziehen, müssen die Funktionsfähigkeit des Zwischenbuchhandels bei der Erfüllung seiner Aufgaben wirtschaftlich gewährleisten. Das Gesetz nimmt auch hier die bisherige Spruchpraxis des BKartA auf, wonach es kartellrechtlich unzulässig war, dass ein direkt beim preisbindenden Verlag beziehender Einzelhändler bezogen auf die jeweilige Lieferung, nicht auf den Jahresumsatz einen Rabatt erhielt, der höher war als die Gesamthandelsspanne, die sich beim Bezug über den Großhandel ergab (BKartATB 1974, 76f. „Verlage“; 1970, 67f.; 1976, 84; Börsenblatt 7/1990, S. 212f.). Das Amt sah hierin eine unbillige Behinderung des Großhändlers und damit eine Beeinträchtigung seiner Wettbewerbs-

fähigkeit. Im „Spartenpapier“ (a.a.O.) heißt es, Barsortimenter würden von den Verlagen ohne sachlich gerechtfertigten Grund nicht zu ungünstigeren Bedingungen beliefert, als sie maximal Firmen oder Gruppierungen des Einzelhandels oder branchenfremden Unternehmen, insbesondere Großhändlern, eingeräumt werden. Auch bisher also war der Barsortimentsrabatt im Regelfall die Höchstgrenze für den Rabatt, den ein Verlag dem Buchhändler bei Direktbezug, auch unter Einschluss von Sonderleistungen wie Boni, Partie-Exemplare oder Werbekostenzuschüsse, gewähren darf. Außerdem, so das BKartA, würde ein Rabatt, der den Barsortimentsrabatt übersteigt, regelmäßig bei 50% liegen. Deren Überschreitung aber mache die verteuernde Wirkung der Preisbindung deutlich.

Allerdings gilt dies nicht ausnahmslos. Im Bericht des Ausschusses für Kultur und Medien des Deutschen Bundestages (BT-Drucks. 1494/22, S. 12) wird darauf hingewiesen, dass für die Feststellung dessen, was im Einzelfall höhere Preise oder schlechtere Konditionen seien, „selbstverständlich alle Umstände und die gesamte Vertragssituation berücksichtigt werden“ müssten. So sei es durchaus vorstellbar, dass ein Buchhändler als Ausgleich für zusätzliche sortimentsuntypische und besonders kostenträchtige Leistungen (z.B. Erschließung von Absätzen durch kostenintensive Akquisitons- bzw. Vertriebsmethoden, wie Beschäftigung eigener Reisender bzw. Außendienstvertreter) einen den Rabatt für Zwischenbuchhändler übersteigenden Händlerrabatt erhalte. Es bleibe also dem Verlag möglich, einem Letztverkäufer, der sich in außergewöhnlicher Weise für sein Verlagsprogramm oder für einzelne seiner Titel einsetze, einen im Einzelfall höheren Rabatt einzuräumen. Nach bisheriger Spruchpraxis des BKartA liegt eine besondere Vertriebsleistung des Sortiments, die eine Überschreitung des Barsortimentsrabatts rechtfertigen würde, aber nicht schon dann vor, wenn sich ein Buchhändler in besonderer Weise im Novitätengeschäft engagiert und der Verlag dies durch besonders günstige Bezugsbedingungen unterstützen möchte.

Dem Gesetzgeber steht, wie die Begründung des Gesetzes zeigt, die besondere Bedeutung des Barsortiments für die Versorgung der Buchhandlungen in strukturschwachen Gebieten, also die herkömmliche Funktion des Zwischenbuchhandels, gekennzeichnet durch die verlagsübergreifende Bündelung von Einzelbestellungen, vor Augen, wenn die Verlage diese dem Zweck des Gesetzes entsprechende Aufgabe der flächendeckenden Versorgung mit Büchern nicht selbst wahrnehmen wollen oder können. Die im Ausschussbericht erwähnten Ausnahmefälle könnten jedoch eine größere Bedeutung gewinnen, sollten sich Tendenzen im Barsortiment verstärken, weitere Dienstleistungen zu übernehmen, auch solche, die bisher von den Verlagen erbracht wurden, die sich nicht unmittelbar aus dem Gesetzeszweck der Sicherstellung der flächendeckenden Versorgung der Bevölkerung mit Büchern herleiten lassen, und Zwischenbuchhandelsfirmen hierbei in einen Wettbewerb mit den Verlagen treten. Im Buchhandel wurde dies unter dem Stichwort „Funktionsverschiebung" kontrovers diskutiert (Börsenblatt 69/1995, S. 4ff. und 17/1996, S. 7ff.; *Bez*, BuchMarkt 11/96 S. 84ff., 12/96 S. 84ff., 1/97 S. 118ff.).

Das Barsortiment bewegt sich in einem Spannungsfeld zwischen der Notwendigkeit wirtschaftlichen Handelns und der ihm vom Gesetzgeber auferlegten und durch die „Meistbegünstigungsklausel" honorierten Vertriebsfunktion: Es wird zwar keine volle, doch aber eine „hochgradige Listung" der lieferbaren Bücher (so eine Formulierung des BKartA) erwartet, auch sind Grenzen gesetzt bei der Nichtaufnahme oder Streichung wichtiger Titel oder ganzer Verlagsprogramme, wenn die Rabatte zwar den Anforderungen von Abs. 3 entsprechen, dem Barsortiment aber dennoch zu niedrig erscheinen.

4. Direktgeschäft

Direktgeschäfte der Verlage mit Endabnehmern mit 5
preisgebundenen Verlagserzeugnisse sind nicht per se unzulässig. Sie sind es aber dann, wenn der Verlag niedrigere

als von ihm dem Handel vorgeschriebene Preise berechnen würde. Allerdings setzt der Gesetzeszweck dem Direktvertrieb Grenzen: Wie insbesondere aus der Präambel des Gesetzes in § 1 und den in § 6 enthaltenen Hinweisen auf die Buchhandelskonditionen deutlich wird, soll das Gesetz kulturelle Vielfalt durch die Gewährleistung der Versorgung mit Büchern über ein dichtes Vertriebsnetz breit sortierter Buchhandlungen fördern. Der Gesetzeszweck wäre verfehlt, wenn größere Umsatzanteile außerhalb des Handels, der durch die Preisbindung geschützt werden soll, im Direktgeschäft abgewickelt würden. Bei den Ladenpreisen hat der Verlag die Spanne des Handels miteinkalkuliert. Der Sinn der Preisbindung ginge verloren, wenn die durch Spannengarantie bewirkte Existenzsicherung des verbreitenden Buchhandels in den Hintergrund träte und die dem Handel vorbehaltenen Spannen den direkt vertreibenden Verlagen selbst zugute kämen. Allerdings wird man den Verlagen schon wegen ihrer Verpflichtung gegenüber den Autoren, für die bestmögliche Verbreitung ihrer Bücher zu sorgen, das Recht nicht bestreiten können, Vertriebschancen, die das Sortiment nicht nutzt, selbst wahrzunehmen.

II. Diskriminierungsverbot

1. Beschränkung auf marktbeherrschende und marktmächtige Unternehmen

6 § 20 Abs. 1 GWB verbietet u.a. marktbeherrschenden Unternehmen und solchen, die Preise nach § 15 GWB binden, ein anderes Unternehmen in einem Geschäftsverkehr, der gleichartigen Unternehmen üblicherweise zugänglich ist, weder unmittelbar noch mittelbar unbillig zu behindern oder gegenüber gleichartigen Unternehmen ohne sachlich gerechtfertigten Grund unmittelbar oder mittelbar unterschiedlich zu behandeln. Das Diskriminierungsverbot gilt darüber hinaus gem. § 20 Abs. 2 Satz 1 GWB auch für Unternehmen, soweit von ihnen kleinere oder

mittlere Unternehmen als Anbieter oder Nachfrager einer bestimmten Art von Waren in der Weise abhängig sind, dass ausreichende und zumutbare Möglichkeiten, auf andere Unternehmen auszuweichen, nicht bestehen. In Verbindung mit dem BuchPrG wurde § 15 GWB geändert. Über § 20 Abs. 1 GWB i. V. m. § 15 GWB a. F. unterlagen bisher alle preisbindenden Verlage ohne Rücksicht auf ihre Marktstärke dem Diskriminierungsverbot mit entsprechenden Lieferpflichten. § 15 GWB n. F. regelt jetzt nur noch die Preisbindung für Zeitungs- und Zeitschriftenverlage. Für Bücher gemäß § 2 BuchPrG gilt also nur noch das auf marktbeherrschende und marktmächtige Unternehmen beschränkte Diskriminierungsverbot des § 20 Abs. 1 und 2 GWB. In der Gesetzesbegründung heißt es unter Bezugnahme auf diese Vorschrift, dass hiernach beispielsweise marktbeherrschende und marktmächtige Verlage kleinere oder mittlere Sortimentsbuchhandlungen weder unmittelbar noch mittelbar unbillig behindern oder gegenüber Filialisten oder anderen Vertriebsformen des Buchhandels ohne sachlich gerechtfertigten Grund unmittelbar oder mittelbar unterschiedlich behandeln dürften. Verstöße gegen dieses Verbot könnten von der zuständigen Kartellbehörde nach der Vorschrift des GWB geahndet werden. Besondere Bedeutung hat das Diskriminierungsverbot für die Frage der Lieferpflicht. Hiernach kann ein Händler verlangen, von Unternehmungen, die dem Diskriminierungsverbot unterliegen, beliefert zu werden, wenn von diesem gleichartige Unternehmen beliefert werden. Eine Lieferverweigerung ist nur dann zulässig, wenn sachliche Rechtfertigungsgründe vorliegen.

2. Sortimentsbedingte Abhängigkeit

Marktmacht kann begründet werden auch durch einzelne Titel, die für den Buchhandel unverzichtbar erscheinen. Eine sortimentsbedingte Abhängigkeit im Sinne von § 20 Abs. 2 Satz 1 GWB wird auch dann angenommen, wenn nur (einzelne) Waren des betreffenden Herstellers 7 eine solche Marktgeltung erlangt haben, dass sich ein auf das Abhängigkeitsverhältnis berufender Händler (in Anbetracht der entsprechenden Verbrauchererwartung) diese Waren in seinem Sortiment führen muss, um nicht einen Ansehensverlust beim Verbraucher zu erleiden, der seine Wettbewerbsfähigkeit erheblich beeinträchtigt (*Schultz,* LB § 20 Rn. 63 mit Hinweisen auf die Rechtsprechung). Eine solche sortimentsbedingte Abhängigkeit wird man im Buchhandel jedenfalls für Best- und Longseller annehmen müssen. Die Kunden des Buchhandels erwarten, dass solche Bücher bei einem Buchhändler erhältlich sind und jedenfalls bei ihm bestellt werden können. Die Erwartungshaltung von Buchhandelskunden wird allerdings beeinflusst von dem Zuschnitt der jeweiligen Buchhandlungen: Je breiter das Sortiment einer Buchhandlung ist, desto eher wird man die Erhältlichkeit, mindestens Bestellmöglichkeit nicht ganz ausgefallener Titel erwarten. Solche Händler sind in größerem Maße auf die Erhältlichkeit bestimmter Titel angewiesen als Firmen, die nicht den Anspruch erheben, jedenfalls ein Kernsortiment an Büchern zu führen. Bei Nicht-Fachhändlern bestehen solche Erwartungen nicht, entsprechend geringer ist die sortimentsbedingte Abhängigkeit (*Schultz,* LB § 20 Rn. 69). Unternehmen, die nicht danach streben, ein vollständiges Sortiment zu erreichen, sondern sich darauf beschränken, nur solche Waren aufzunehmen, die eine Spitzenstellung aufweisen (sogenannte „Renner"), können sich nicht auf eine Lieferpflicht, begründet aus sortimentsbedingter Abhängigkeit, berufen, weil sie sich nicht durch ein volles Sortiment einen besonderen Namen geschaffen haben, den es zu verteidigen gilt (WuW/E BGH „Revell Plastics" 1620 ff.; „adidas" 1885 ff.).

Das Diskriminierungsverbot einschließlich einer sich daraus etwa ergebenden Lieferverpflichtung gilt auch bei marktmächtigen Firmen gemäß § 20 Absatz 2 Satz 1 GWB aber nur im Geschäftsverkehr mit kleinen und mittleren Unternehmen. Maßgeblich für die Einstufung sind zunächst absolute Größenkriterien, wofür die Umsatzschwelle der Fusionskontrolle des § 35 Absatz 1 GWB herangezogen werden. Demnach ist ein Unternehmen mit weniger als € 25 Millionen Umsatz in jedem Falle als Kleinunternehmer anzusehen, während Unternehmen mit mindestens € 500 Millionen Umsatz Großunternehmen sind. Sodann kommt es auf die relative Größe im Verhältnis zu den Wettbewerbern an. Bei Unternehmen, die sich auf Abhängigkeit und den Schutz durch § 20 Abs. 2 Satz 1 GWB berufen, sind auch personelle und geschäftliche Verflechtungen mit Großunternehmen zu berücksichtigen (*Schultz,* LB § 20 Rn. 79 ff.).

§ 7 Ausnahmen

(1) **§ 3 gilt nicht beim Verkauf von Büchern:**

1. an Verleger oder Importeure von Büchern, Buchhändler oder deren Angestellte und feste Mitarbeiter für deren Eigenbedarf,

2. an Autoren selbstständiger Publikationen eines Verlages für deren Eigenbedarf,

3. an Lehrer zum Zwecke der Prüfung einer Verwendung im Unterricht,

4. als Mängelexemplare, die verschmutzt oder beschädigt sind oder einen sonstigen Fehler aufweisen.

(2) **Beim Verkauf von Büchern können wissenschaftlichen Bibliotheken, die jedem auf ihrem Gebiet wissenschaftlich Arbeitenden zugänglich sind, bis zu 5 Prozent, jedermann zugänglichen kommunalen Büchereien, Landesbüchereien und Schülerbüchereien sowie konfessionellen Büchereien und Truppenbüchereien der Bundeswehr und des Bundesgrenzschutzes bis zu 10 Prozent Nachlass gewährt werden.**

(3) **Bei Sammelbestellungen von Büchern für den Schulunterricht, die überwiegend von der öffentlichen Hand finanziert werden, gewähren die Verkäufer folgende Nachlässe:**

1. bei einem Auftrag im Gesamtwert bis zu 25 000 Euro für Titel mit

mehr als 10 Stück 8 Prozent Nachlass
mehr als 25 Stück 10 Prozent Nachlass
mehr als 100 Stück 12 Prozent Nachlass
mehr als 500 Stück 13 Prozent Nachlass

2. bei einem Auftrag im Gesamtwert von mehr als
25 000 Euro 13 Prozent Nachlass
38 000 Euro 14 Prozent Nachlass
50 000 Euro 15 Prozent Nachlass

Soweit Schulbücher von den Schulen im Rahmen eigener Budgets angeschafft werden, ist stattdessen ein genereller Nachlass von 12 Prozent für alle Sammelbestellungen zu gewähren.

(4) **Der Letztverkäufer verletzt seine Pflicht nach § 3 nicht, wenn er anlässlich des Verkaufs eines Buches**

1. Waren von geringem Wert oder Waren, die im Hinblick auf den Wert des gekauften Buches wirtschaftlich nicht ins Gewicht fallen, abgibt,
2. geringwertige Kosten der Letztabnehmer für den Besuch der Verkaufsstelle übernimmt,
3. Versand- oder besondere Beschaffungskosten übernimmt oder
4. andere handelsübliche Nebenleistungen erbringt.

Übersicht

I. Von der Preisbindung ausgenommene Verkäufe (Abs. 1)

Diese Norm regelt abschließend jene Fälle, in denen beim Verkauf von Büchern an Letztabnehmer keine Bindung an den gemäß § 5 festgesetzten Preis besteht. § 7 Abs. 1 nimmt den Verkauf von Büchern an bestimmte Personengruppen und von Mängelexemplaren gänzlich von der Preisbindung aus. Der herstellende und der verbreitende Buchhandel sind in der Preisberechnung frei. § 7 Abs. 2 und 3 zählt die zulässigen Nachlässe auf gebundene Preise auf, § 7 Abs. 4 definiert, welche weiteren wirtschaftlichen Vergünstigungen gewährt werden dürfen. In der Begründung des Gesetzes wird auf die Traditionen des Buchhandels, die bisherige Praxis des Sammelreverses und vor allem auch darauf verwiesen, dass wie bisher eine enge Auslegung dieser Bestimmungen und ihrer einzelnen Tatbestandsmerkmale geboten sei. 1

1. Buchhändler (Abs. 1 Nr. 1)

Absatz 1 Nr. 1 bezieht sich auf im Buchhandel Tätige („Kollegenrabatt"). Kommanditisten einer Buchhandels-KG und Gesellschafter einer GmbH können noch als „tätige Buchhändler" angesehen werden, nicht aber Aktionäre einer AG oder Mitglieder bzw. Angestellte einer Einrichtung oder einer Körperschaft, die einen Verlag betreibt. Üblicherweise ist die Führung einer Verkehrsnummer, die von einem buchhändlerischen Verband vergeben wurde, Voraussetzung für die Gewährung von Kollegenrabatt. Zeitungsverlage und deren Angestellte sind nicht Buchhändler. Ihre Belieferung mit „Kollegenrabatt" ist daher unzulässig. Schon der Gesetzeswortlaut schließt Zeitungsverlage aus, ebenso preisbindungsfreie Lieferungen an Mitarbeiter anderer Medien, z.B. Rundfunk und Fernsehen. Bei festen Mitarbeitern sind wesentlich die Dauer ihrer Zugehörigkeit, die Vergleichbarkeit mit Angestellten 2 und der fachliche Zusammenhang zum buchhändlerischen Betrieb ausschlaggebend. Beispiele: Provisionsvertreter, ständige Rechts-, Steuer- und Werbeberater sowie auch Angestellte der Verbände des Buchhandels. Weihnachts- und Oster-Sonderangebote von Verlagen an Angestellte anderer Verlage sind ein Missbrauch des „Kollegenrabatts". Mitunter werden Sammelbestell-Listen zum Umlauf beigefügt. Sonderangebote dieser Art verleiten die Angestellten dazu, für Dritte mitzubestellen. Die kommerzielle Form und der Werbecharakter dieses Sonderangebots erwecken den Eindruck, dass es den Verlagen mehr um den Umsatz und weniger um die Kollegen geht. Das Landgericht Wiesbaden (12 O 187/77) untersagte solche Angebote durch einstweilige Verfügung mit der Begründung, es sei nicht sichergestellt, dass der Nachlass nur den von diesem Ausnahmetatbestand Begünstigten zugute komme (*Franzen,* Rn. 157).

Problematisch ist die Behandlung der Angestellten von „gemischten" Betrieben, z.B. Großunternehmen des Handels (Kaufhäuser), Zeitungsverlagen und Druckereien, jeweils mit Buchhandels-Abteilungen. Handelt es sich um einen ganz eindeutig überwiegend buchhändlerischen Betrieb, wird man die wenigen sonstigen Angestellten nicht ausnehmen können. Sind aber Verlag oder Buchvertrieb nicht der Hauptsektor, sondern nur Nebengeschäft, ist die Beschränkung auf die buchhändlerische Abteilung unerlässlich.

2. Autoren (Abs. 1 Nr. 2)

3 Das Autorenprivileg nach Absatz 1 Nr. 2 bezieht sich nur auf die Publikationen des das eigene Werk produzierenden Verlages, nicht auf andere Verlage, auch nicht des gleichen Konzerns. Autoren sind auch Mitautoren, Herausgeber und Übersetzer. Das Autorenprivileg gilt nur, solange das Buch lieferbar ist oder sich eine Neuauflage abzeichnet. Ein ganz geringfügiger Autorenbeitrag zu einem Mehrautoren-Werk reicht nicht aus. Vielmehr muss der

Beitrag des Autors prägend für das Werk sein. Es muss zumindest auch „sein“ Buch sein.

3. Prüfstücke für Lehrer (Abs. 1 Nr. 3)

Prüfstücke im Sinne von Absatz 1 Nr. 3 sind einzelne 4
Bücher, die der Lehrer vorab auf ihre Eignung zur Verwendung im Unterricht prüft. Lehrer im Sinne der Vorschrift sind Lehrkräfte von Schulen im engeren Sinne, nicht aber auch Hochschullehrer oder sonstige Dozenten oder andere Multiplikatoren im Bildungsbereich.

Lehrerhandstücke (oder Lehrerfreistücke) sind nicht Lehrerprüfstücke. Die Dreingabe solcher Freiexemplare durch Letztverkäufer, z. B. bei Klassenbestellungen, ist unzulässig. Sie verschleiert einen unzulässigen Nachlass, da es bei Sammelbestellungen keinen Mengennachlass gibt. Die Gratislieferung wäre auch eine die Preisbindung indirekt verletzende Zugabe. Lehrerfreistücke dürften also nur vom Verlag direkt und nicht in Verbindung mit einer ausgelieferten Bestellung Schulen zur Verfügung gestellt werden. Da aber selbst die erforderliche Kennzeichnung als Lehrerfreistück Missbräuche zur Umgehung der Preisbindung nicht ausschließen kann, ist den Verlagen von der Lieferung solcher Freistücke generell abzuraten.

4. Mängelexemplare (Abs. 1 Nr. 4)

Mängelexemplare sind Bücher, die äußerlich erkennba- 5
re Schäden oder Fehler aufweisen und deshalb nicht mehr zum regulären Endpreis verkauft werden können. Es handelt sich um Mängel beim Druck (weiße Seiten), beim Binden (fehlender oder verhefteter Bogen, unzulänglicher Einband), beim Verlag (Wasserschäden), beim Remittieren (Transportschäden) oder beim Sortimenter (Beschmutzen durch häufiges Anfassen, Flecken).

Der Begriff des Mängelexemplares ist von dem der Remittenden zu unterscheiden. Remittierte, d. h. an den Verlag zurückgesandte Bücher, sind nur dann Mängelexemplare, wenn sie Schäden aufweisen. Der Stempelaufdruck allein begründet nicht den Mangel. Mängelexemplare sind deutlich als solche zu kennzeichnen, entweder durch Stempelaufdruck „Preisreduziertes Mängelexemplar“ oder „Mängelexemplar“ an der Unterschnittkante des jeweiligen Buches. Bei Taschenbüchern genügt der Aufdruck eines auffälligen Stempels (wegen der Einzelheiten vgl. Merkblatt der AG Taschenbuch, abgedruckt im Börsenblatt 85/1996, S. 15, mit Anm. *Wallenfels* und des Verlegerausschusses, Verlegermitteilungen Juli 1999, S. 2 ff.).

In der Verbreitung unechter Mängelexemplare sowohl durch Verlage als auch durch den verbreitenden Buchhandel sieht die Rechtsprechung einen Verstoß gegen § 1 UWG (LG Düsseldorf 38 O 187/87; Börsenblatt 9/2000, S. 5). Hiernach unterläuft ein Verlag seine eigene Preisbindung, wenn er unbeschädigte Exemplare als Mängelexemplare ausgibt. Aber auch die Buchhändler trifft beim Verkauf von Mängelexemplaren eine Sorgfaltspflicht. Sie müssen auch dann prüfen, ob tatsächlich Mängel vorliegen, wenn ihnen die Bücher als Mängelexemplare geliefert worden sind, weil sie andernfalls ein wettbewerbswidriges Verhalten des liefernden Verlages unterstützen und ausnutzen und somit selbst wettbewerbswidrig handeln würden. Krass wettbewerbswidrig ist die absichtliche Beschädigung verlagsneuer Exemplare mit anschließendem Unterpreisverkauf (OLG Frankfurt 6 U 85/96 mit Anm. *Wallenfels*, Börsenblatt 47/1997, S. 3).

Die Wettbewerbsregeln des Börsenvereins (abgedruckt im Börsenblatt 46/1986, S. 1708 ff.) schreiben vor, dass Mängelexemplare nur so angeboten werden dürfen, dass beim Publikum nicht der Eindruck entsteht, es würden gebundene Preise unterschritten. Daraus ist auch zu folgern, dass Mängelexemplare nicht eingeschweißt verkauft werden dürfen.

II. Nachlässe für Büchereien (Abs. 2)

1. Wissenschaftliche Bibliotheken

Die Möglichkeit, Bibliotheksnachlässe einzuräumen, ist ein traditioneller Beitrag des Buchhandels zur Kulturpolitik und zu sozialen Anliegen. Voraussetzung für die Nachlassbegünstigung ist die allgemeine Zugänglichkeit der Bibliotheken. Anders als bei der früheren Regelung im Sammelrevers sind nicht nur öffentlich-rechtliche, sondern auch private Träger begünstigt. Nachlassbegünstigt (bis zu 5%) sind wissenschaftliche Bibliotheken, die jedem auf seinem Gebiet wissenschaftlich Arbeitenden zugänglich sind, und zwar ohne eine nur aus besonderen Gründen erteilte Sondergenehmigung (denn mit einer solchen ist jede Bibliothek einem Wissenschaftler zugänglich). Die Nachlassgewährung ist nicht mehr davon abhängig, dass ein bestimmter Vermehrungsetat erreicht wird. 6

2. Andere Büchereien

Die Zugänglichkeit für jedermann ist auch bei den anderen aufgezählten, darunter den kommunalen Büchereien Voraussetzung für die Nachlassgewährung bis zu 10%. Die Aufzählung ist abschließend. Werksbüchereien sind hiernach nicht nachlassbegünstigt, ebenso wenig Amts-Bibliotheken, die nur in Einzelfällen Außenstehenden eine Nutzung gestatten, und Krankenhausbüchereien. Nachlassbegünstigt sind neuerdings auch Schülerbüchereien und nicht mehr wie bisher nur kirchliche, sondern konfessionelle, also auch jüdische oder islamische Büchereien. 6a

Anders als bei den vom Verlag festgesetzten Sonderpreisen sind die Buchhändler berechtigt, Nachlässe bis zu 5 bzw. 10% zu gewähren, nicht aber hierzu verpflichtet. Neuerdings gelten die Nachlässe auch für Loseblattwerke und Ergänzungslieferungen. Die traditionell unterschiedliche Nachlassregelung für wissenschaftliche Bibliotheken und andere Büchereien berücksichtigt, dass die Handelsspanne für Fachliteratur geringer als bei Belletristik oder Werken des allgemeinen Sortiments ist, so dass der Buchhändler auch nur einen geringeren Spielraum für die Gewährung von Nachlässen hat. Die Nachlassregelung ist abschließend. Die Gewährung weiterer Vergünstigungen, z.B. von Prämien innerhalb von Kundenbindungssystemen, ist somit unzulässig.

III. Nachlässe bei Sammelbestellungen von Büchern für den Schulunterricht (Abs. 3)

7 Die in Abs. 3 geregelten Schulbuchnachlässe, zu deren Gewährung der Letztverkäufer verpflichtet ist, sind ein Spezialfall der Mengennachlässe. Die schon im Sammelrevers enthaltenen Nachlassstaffeln gehen zurück auf die Verordnung des Bundeswirtschaftsministeriums VOPR Nr. 1/77 i.V.m. § 4 Absatz 4 VOPR Nr. 30/53 (zur Vorgeschichte *Franzen,* Rn. 66ff., 146ff.). Sie gelten nur, wenn die öffentliche Hand selbst kauft und Eigentum erwirbt, nicht bei Sammelbestellungen von Schülern, Eltern oder Klassen. Schulbücher sind nicht nur die eigentlich pädagogischen Werke insbesondere der Schulbuchverlage, sondern auch belletristische Taschenbücher, Fachbücher, politische oder historische Quellen und sonstige Texte, wenn sie unmittelbar zu Unterrichtszwecken verwendet werden. Lieferungen für Schüler- und Lehrerbüchereien dienen nicht unmittelbar dem Unterricht, Nachlässe kommen nicht in Betracht (für Schülerbüchereien aber gemäß Abs. 3). Die Nachlässe gelten nur für echte Sammelbestellungen, die der Buchhändler durch eine Lieferung, wenn auch an verschiedene Lieferstellen, ausführen kann. Die Nachlassstaffeln gelten nicht für einen Rahmenvertrag, bei dem der Buchhändler die Bücher nach und nach auf Abruf liefern soll, denn der Rationalisierungseffekt der Großbestellung, der die bei Schulbuchaufträgen zu gewährenden Nachlässe rechtfertigt, ist nicht

gegeben. Nachbestellungen können, so die Begründung des Gesetzes, noch als zur Schulbuchsammelbestellung gehörend angesehen werden, wenn sie innerhalb von vier Wochen nach Schuljahresbeginn erfolgen. Nach Ablauf dieser Frist richten sich die Nachlässe nach den einzelnen Lieferungen. Wegen der besonderen Verhältnisse bei Berufsschulen (die endgültigen Klassenstärken stehen später als bei anderen Schulen fest) wird hier eine Frist von sechs Wochen als zulässig anzusehen sein.

Die in den Staffeln vorgeschriebenen Nachlässe sind je- 8
doch nur zu gewähren für Sammelbestellungen von für den Schulunterricht bestimmten Büchern, die überwiegend von der öffentlichen Hand finanziert werden, und nur dann, wenn die öffentliche Hand selbst kauft und Eigentum erwirbt. Nicht erfasst werden Sammelbestellungen von Schülern oder Eltern (so ausdrücklich die Begründung zu § 7 Abs. 3). Bei Aufträgen bis zu € 25 000,00 richten sich die Nachlässe nach der Anzahl der bestellten Exemplare für die einzelnen Titel (weniger als 10 Stück eines Titels kein Nachlass), bei Aufträgen über € 25 000,00 nach der Auftragssumme, also nach dem Gesamtwert. Er wird aus den Endabnehmerpreisen (Bruttopreise) errechnet. Weil das Gesetz nunmehr auch Berufsschulbücher in die Preisbindung einbezieht, die zuvor in der Regel nicht preisgebunden waren, entfällt die bisherige Problematik der indirekten Verletzung der Preisbindung durch überhöhte Nachlässe bei nicht preisgebundenen Büchern, die zusammen mit preisgebundenen geliefert wurden. Der Gesetzgeber hat sich aus Gründen der Rechtssicherheit dafür entschieden, sämtliche Schulbücher einschließlich der Berufsschulbücher in die gesetzliche Verpflichtung zur Preisbindung einzubeziehen, da eine trennscharfe Abgrenzung zwischen Schulbüchern und Berufsschulbüchern nicht möglich ist (Begründung zu § 7 Abs. 3).

Setzen Verlage für sonstige Verkäufe höhere Mengennachlässe fest, sind diese auch den Auftraggebern von Schulbuch-Sammelbestellungen zu berechnen (vgl. § 5 Rn. 5). In Bundesländern, in denen die Schulbuchaufträge von Schulen im Rahmen eigener Anschaffungsbudgets erworben werden (derzeit Hessen, Niedersachsen, Sachsen-Anhalt und Thüringen) wird die Nachlassstaffel durch einen einheitlichen Nachlass von 12% ersetzt, da dort im Vergleich zu Bundesländern mit kommunalen Vergabesystemen pro Sammelbestellung deutlich geringere Umsätze und Mengen erzielt werden.

9 Wie schon bislang, dürfen auch bei Schulbüchern Barzahlungsnachlässe nicht gefordert und gewährt werden (vgl. LG Berlin 102 0 28/01 mit Anm. von *Wallenfels,* Börsenblatt 50/2001, S. 19f. Das Berliner Kammergericht als Berufungsinstanz hat mit Urteil vom 23. 5. 2002 (2 U 5/02) die Unzulässigkeit der Gewährung von Barzahlungsnachlässen im Schulbuchgeschäft bestätigt). Die Nachlassregelung in Abs. 3 ist abschließend und darf weder durch Zusatzleistungen ergänzt werden, noch durch Zugaben oder Prämien, selbst dann nicht, wenn sie wirtschaftlich gegenüber dem Wert der gekauften Bücher nicht ins Gewicht fallen (BT-Drucks. 14/9422, S. 13). Dies deshalb, weil die Schulbuchverlage dem Handel nur einen Rabatt von in der Regel 20, höchstens 25% einräumen, so dass bei Höchstnachlässen von 15% nur eine Spanne von 5 bis äußerstenfalls 10% verbleibt, die häufig kaum die Unkosten deckt.

IV. Weitere wirtschaftliche Vergünstigungen (Abs. 4)

1. Zugaben (Abs. 4 Nr. 1)

10 Die Regelung beschränkt die Gewährung von Zugaben. Nach dem Wegfall von Rabattgesetzen und Zugabeverordnung haben sich Kundenbindungssysteme im Handel stark ausgebreitet. Die Buchpreisbindung setzt jedoch enge Grenzen. In Verbindung mit dem Verkauf eines Buches dürfen nur Waren von geringem Wert oder solche, die zwar nicht selbst geringwertig sind, aber im Hinblick auf den Wert des gekauften Buches wirtschaftlich nicht ins

Gewicht fallen, ohne Berechnung abgegeben werden. Zulässig sind ausschließlich Sachprämien. Das Gesetz stellt durch die Formulierung, dass nur Waren zugegeben werden können, klar, dass keinesfalls Vergütungen in Geld gestattet sind. Vergütungen in Geld (Payback-Systeme), bei denen der Kunde Bonus-Punkte in Geld umtauschen kann, sind mit der Preisbindung ebenso unvereinbar wie die Verrechnung von Punkten mit anderen Käufen preisgebundener Bücher. Unzulässig ist auch die Gutschrift von Bonuspunkten beim Kauf von Büchern zur künftigen Verrechnung mit dem Kaufpreis von anderen Waren, z.B. beim Zusammenschluss regionaler Händler in sogenannten City-Card-Systemen. Die Gewährung von Prämien darf nicht den Charakter eines Naturalrabattes erhalten. Prämien, die einen höheren Wert als maximal 2% vom getätigten Umsatz haben, sind unzulässig, weil sie dann in jedem Falle wirtschaftlich ins Gewicht fallen (*Menche*, Börsenblatt 55/2001, S. 16ff.).

2. Fahrtkosten und Parkgebühren (Abs. 4 Nr. 2)

Zulässig ist die teilweise oder vollständige Erstattung **11**
von Fahrtkosten für Verkehrsmittel des öffentlichen Nahverkehrs oder von Parkgebühren von Kunden im Zusammenhang mit dem Besuch einer Buchhandlung. In beiden Fällen dürfen nur geringwertige Kosten erstattet werden.

3. Versand- und Beschaffungskosten (Abs. 4 Nr. 3)

Erlaubt sind die kostenfreie Versendung von Büchern **12**
an Letztabnehmer und die Übernahme besonderer Beschaffungskosten, die dem Buchhändler durch die Bestellung bei Verlag oder Zwischenbuchhandel entstehen. Der Händler darf solche Kosten berechnen, er muss es aber nicht. Nach der Rechtsauffassung des BKartA durften auch bisher schon Versandkosten im Verhältnis zwischen Letztverkäufer und Endabnehmer berechnet werden, nicht jedoch Kosten einschl. Porti, die im Verhältnis zwischen

Verlag und Buchhandel für die Besorgung eines nicht vorrätigen Buches entstehen. Mit der durch den Festpreis gesicherten Handelsspanne seien auch die üblicherweise erbrachten Besorgungsleistungen abgegolten. Maßgeblich hierfür sei „der Umstand, dass zum herkömmlichen Gesamtsystem des buchhändlerischen Vertriebs, das durch die Preisbindung für Verlagserzeugnisse geschützt sei (WuW/E BGH 795, 807), insbesondere auch der branchenübliche Service gehört, am Lager des Sortimenters nicht vorhandene Verlagserzeugnisse auf Bestellung der Kunden zu besorgen und zur Abholung bereitzuhalten" (Schreiben BKartA vom 26. 4. 1978 D 4–745 200-QX-162/75). Andernfalls ergeben sich auch Preisunklarheiten, weil ein Buch, wird es vom Lager verkauft, einen niedrigeren Preis hat als ein nicht vorrätiges, das dem Kunden unter Berechnung von Besorgungskosten geliefert wird. Hingegen gestattete es das BKartA, die Kosten, die der Verlag dem Buchhandel bei der Besorgung von Zeitschriften und Ergänzungslieferungen zu Loseblattwerken berechnet, Endabnehmern zusätzlich zum Ladenpreis in Rechnung zu stellen, nicht aber Handlingskosten, die beim Buchhandel anfallen (Schreiben BKartA B 6–745 100-Q 95/87; *Wallenfels,* Börsenblatt 82/1988, S. 30 f.). Zur Begründung bezog sich das BKartA darauf, dass der Buchhandel solche Verlagserzeugnisse üblicherweise nicht – wie Bücher – auf Lager nehme. Die vom Buchhandel erbrachte Leistung sei nicht als ein mit der Hauptleistung zu entgeltender Service anzusehen, stelle vielmehr eine Sonderleistung dar, für die der Buchhändler ein Entgelt verlangen dürfe, soweit der Verlag nicht ausdrücklich einen Inklusivpreis festgesetzt habe, der die Besorgungskosten einschließlich der Porti bereits mit umfasse.

4. Handelsübliche Nebenleistungen (Abs. 4 Nr. 4)

13 Unberechnet auch dürfen die buchhandelstypischen Serviceleistungen wie fachliche Beratung, Bibliographieren, Ausdruck von Literaturzusammenstellungen oder Ge-

schenkverpackung von Büchern bleiben. Dienstleistungen, die nicht branchenüblicher Service sind und deshalb nicht als handelsübliche Nebenleistungen angesehen werden können, müssen in Rechnung gestellt werden. Bibliotheken sind zunehmend bestrebt, über die Erwerbung von Büchern bibliothekarische Aufgabenfelder auf Lieferanten zu übertragen und drängen unter dem Druck der Rechnungshöfe auf möglichst umfangreiche kostenlose Dienstleistungen. Als Faustregel gilt, dass Leistungen, die nicht mit der Beschaffung von Büchern zu tun haben, keine für das Bibliotheksgeschäft charakteristischen buchhändlerischen Nebenleistungen sind, sondern als Zusatzleistungen gelten, die berechnet werden müssen. So z.B. die Übernahme der Lagerkontrolle, der Akzession und der Inventarisierung, Katalogarbeiten, Titelerfassung, Übernahme von Bindearbeiten und Anbringung der Signatur, Stellung von PC's mit Anbindung an Lieferantenrechner und geldwerte Leistungen jeder Art, z.B. zusätzliche Bücher und Geschenke (vgl. auch die „Dritte überarbeitete Empfehlung für den Geschäftsverkehr zwischen Wissenschaftlichen Bibliotheken und Buchhandel" des Börsenvereins des Deutschen Buchhandels und der Bundesvereinigung Deutscher Bibliotheksverbände, Börsenblatt 49/1994, S. 10 ff.).

Berechnungspflichtig sind auch gelegentlich von öffentlichen Auftraggebern im Schulbuchgeschäft verlangte Inventarisierungsarbeiten jedweder Art durch Schulbuchlieferanten.

5. Indirekte Verletzungen der Preisbindung

Wirtschaftliche Vergünstigungen, die das BuchPrG nicht ausdrücklich zulässt, dürfen nicht gewährt werden. § 7 BuchPrG regelt abschließend, in welchen Fällen der zur Einhaltung der Preisbindung verpflichtete Buchhändler (und der Verlag im Direktvertrieb) von den gebundenen Preisen abweichen darf. Unzulässig ist z.B. die Gewährung von Barzahlungsnachlässen, ebenso von indirekten Nachlässen beim Verkauf an Letztabnehmer, beispielsweise in 14

Form von Naturalrabatten, Freiexemplaren, Boni oder umsatzorientierten Gewinnbeteiligungen, auch im Rahmen gesellschaftsrechtlicher Vertragsverhältnisse (*Franzen*, Rn. 128 ff.).

Auch die Koppelung mit dem Verkauf von nicht preisgebundenen Waren kann eine indirekte Verletzung der Preisbindung sein, wenn ungewöhnliche Preisvorteile gewährt werden. Dies ist dann der Fall, wenn der Gesamtpreis nur so knapp über dem gebundenen Ladenpreis des Buches liegt, dass eine Kalkulation für die nicht preisgebundene Ware im Koppelungsangebot unter Gestehungskosten deutlich wird (analog zur BGH-Entscheidung „Schulbuch-Koppelungsgeschäfte" KZR 17/88 WuW/E BGH 2615, wonach die Preisbindung indirekt verletzt wird, wenn nicht preisgebundene Bücher in Verbindung mit preisgebundenen unter Beschaffungskosten geliefert werden; zur Einbindung von preisgebundenen Produkten in Koppelungsangebote *Mann*, WRP 1997, 1139 ff.). Unzulässig ist die Gewährung von Zahlungszielen von mehr als 60 Tagen (§ 5 Rn. 10).

Eine indirekte Verletzung der Preisbindung liegt ebenso in der Gewährung von Vermittlungsprovisionen an nicht gewerbsmäßige Vermittler. Vermittlungsprovisionen können ein Verschleierungsinstrument für unzulässige Nachlässe sein, wenn unter dem Vorwand, ein Geschäft für einen anderen zu vermitteln, der angebliche Vermittler für sich selbst kauft. In Wirklichkeit liegt keine Vermittlung von Fremdgeschäften vor. Der „Vermittler" bringt nicht ein Drittgeschäft zustande, sondern kauft in eigenem und/oder in fremdem Namen ein. Auch die Weitergabe von Vermittlungsprovisionen an Käufer ist ein Verstoß gegen die Preisbindung. (WuW/E BGH „Buchhandel" 218 ff. und „Esslinger Wolle" 715 ff.). Weil sich solche Fälle häuften, verpflichtete der Sammelrevers auf Veranlassung des BKartA, das die Lückenlosigkeit der Preisbindung gefährdet sah, die Händler dazu, nicht gewerbsmäßigen Vermittlern keine Vermittlungsprovision zu gewähren und bei der Gewährung von Vermittlungsprovisionen an gewerbsmäßige Vermittler sicherzustellen, dass solche Provisionen nicht, auch nicht teilweise, weitergegeben werden (vgl. *Franzen,* Rn. 163). Das BuchPrG ändert hieran nichts.

Kein Fall solcher Pseudovermittlungsprovision sind die Vergütungen, die Pfarrämtern und Kindergärten bei dem traditionellen Vertrieb von Büchern über Schriftentische in Kirchen und in Kindergärten gewährt werden und einen Ausgleich für die hierdurch entstehenden Aufwendungen in den Örtlichkeiten solcher Tische darstellen. Allerdings dürfen Verlage, wenn sie solche Schriftentische betreiben, nicht so hohe Vergütungen zahlen, dass Buchhändler, die diese Vergütung aus ihrer Handelsspanne erwirtschaften müssen, beim Betrieb solcher Tische nicht mehr konkurrenzfähig sind. Dem buchhändlerischen Brauch entspricht eine Vergütung von 10%. Nicht berührt sind weiterhin Buchprämien für die Gewinnung neuer Zeitschriften-Abonnenten oder Buchclub-Mitglieder.

Die Inzahlungnahme älterer Auflagen eines Buches beim Erwerb einer Neuauflage ist zulässig, jedoch nur mit dem handelsüblichen Verkehrswert. Werden Bücher zu einem überhöhten Preis oder gar nur die Titelblätter älterer Exemplare in Zahlung genommen, liegt darin ein verschleierter Preisnachlass. Weder Handel noch Verlage dürfen daher feste Umtauschpreise nennen, weil der Käufer eine Gutschrift jeweils nur in Höhe des Verkehrswertes des in Zahlung genommenen Buches erhalten kann, der wiederum von Alter und Erhaltungszustand abhängt. Nur der Höchstbetrag des bei Inzahlungnahme zu verrechnenden Preises darf genannt werden (*Wallenfels,* Börsenblatt 73/1996, S. 4).

Hörernachlass: Der traditionelle Nachlass von in der Regel 20%, den bisher Hörer von Dozenten auf deren Bücher gegen Hörerschein erhalten konnten (Hörernachlass) ist im BuchPrG nicht mehr vorgesehen. Er hatte zuletzt praktisch keine große Rolle mehr gespielt, und war auf Drängen des wissenschaftlichen Sortiments zunehmend auf hochpreisige Werke wissenschaftlicher Verlage beschränkt. Da Verlage und Buchhandlungen sich den Nachlass teilten, entstanden zeitaufwändige Abrechnungsvorgänge. Zudem waren Missbrauchsfälle nicht selten. Der Gesetzgeber hat daraus die Konsequenzen gezogen und diesen Nachlass beseitigt.

§ 8 Dauer der Preisbindung

(1) **Verleger und Importeure sind berechtigt, durch Veröffentlichung in geeigneter Weise die Preisbindung für Bücher zu beenden, die zu einer vor mindestens achtzehn Monaten hergestellten Druckauflage gehören.**

(2) **Bei Büchern, die in einem Abstand von weniger als achtzehn Monaten wiederkehrend erscheinen oder deren Inhalt mit dem Erreichen eines bestimmten Datums oder Ereignisses erheblich an Wert verlieren, ist eine Beendigung der Preisbindung durch den Verleger oder Importeur ohne Beachtung der Frist gemäß Absatz 1 nach Ablauf eines angemessenen Zeitraums seit Erscheinen möglich.**

Übersicht

I. Wann können die Verlage ihre Preisbindung aufheben?

1. Aufhebung im Regelfall (Abs. 1)

1 Das Gesetz sieht nicht die automatische Beendigung der Preisbindung nach Ablauf einer bestimmten Zeit seit Erscheinen eines Buches vor, sondern geht davon aus, dass

ein Buch ohne jede zeitliche Einschränkung in der Preisbindung bleibt, wenn nicht der Verleger sich dazu entschließt, die Preisbindung ausdrücklich aufzuheben. Dies ist im Regelfall nur bei Buchausgaben möglich, die vor mindestens 18 Monaten erschienen sind. Damit ist berücksichtigt, dass es eine große Zahl kulturell wertvoller Bücher gibt, die über viele Jahre hinweg im Handel angeboten werden. Zwar sind Tendenzen zur Verkürzung der Lebensdauer eines Buches unverkennbar. Noch immer aber ist charakteristisch für den deutschen Buchhandel die sorgfältige Pflege einer umfangreichen Backlist von Büchern. Im Verzeichnis lieferbarer Bücher sind ca. 800 000 Titel aufgeführt, in den Barsortiments-Katalogen werden weit über 300 000 Titel genannt. Die Verlage, die während der Geltung des Sammelreverses, korrespondierend zu der Möglichkeit, ihre Preise überhaupt nicht zu binden, jederzeit die Möglichkeit hatten, die Preisbindung aufzuheben, können dies nunmehr erst bei einer Druckauflage, die vor mindestens 18 Monaten erschienen ist. Unveränderte Nachdrucke werden der Druckauflage zugerechnet, die 18 Monate-Frist beginnt also nicht erneut, ebensowenig bei inhaltlich oder äußerlich unveränderten weiterten Ausgaben (vgl. auch § 5 Rn. 1). Preisaufhebungen müssen in gleicher Weise wie Preisänderungen veröffentlicht werden (vgl. § 5 Rn. 1). Nach § 3 Abs. 6 VO ist der den Ladenpreis aufhebende Verlag verpflichtet, innerhalb der letzten 12 Monate vom Buchhändler bezogene Exemplare zurückzunehmen, wenn der Anspruch innerhalb von sechs Wochen ab Bekanntgabe der Preisaufhebung geltend gemacht wird. Auch eine automatische Beendigung der Preisbindung, wie dies nach früherer Rechtslage z.B. bei älteren Auflagen wissenschaftlicher Werke angenommen werden konnte, die in neuer, erheblich veränderter Auflage erschienen, gibt es nicht mehr. Die Preisbindung eines Werkes kann nur durch ausdrückliche Erklärung des Verlegers oder Importeurs beendet werden Erwägungen des Gesetzgebers, Buchhändlern, die eine vor mehr als zwei Jahren erschienene Ausgabe vor mehr als sechs Monaten eingekauft haben, wie in Österreich und Frankreich aus der Preisbindung für diese Exemplare zu entlassen, wurden aufgegeben. Dies wegen der umfassenden Remissionsmöglichkeiten der Buchhändler und der Gefahr missbräuchlicher Handhabung einer solchen Regelung durch kapitalstarke Buchhandlungen (so der Vertreter der Bundesregierung, BT-Drucks. 1494/22, S. 14).

2 Wenn ein Verlag den gebundenen Ladenpreis für ein Buch aufgehoben hat, kann er ihn später nicht erneut binden. Andernfalls wären Missbrauchsmöglichkeiten vorprogrammiert. Verlage hätten die Möglichkeit, die Preisbindung vorübergehend nur deshalb aufzuheben, um ein größeres Geschäft mit einem Endabnehmer direkt zu einem beliebigen Preis abzuwickeln, sich also der Verpflichtung, die Preise auch im Direktgeschäft einzuhalten, zu entziehen. Dem Händler wäre es nicht zuzumuten, noch am Lager befindliche preisbindungsfrei bezogene Bücher nach der Einführung der Preisbindung preisgebunden verkaufen zu müssen. Auch wären erhebliche Probleme zu erwarten, die aus echter oder vorgeschützter Unkenntnis von der Wiedereinführung der Preisbindung im Handel auftreten. Schließlich würde der Buchhändler auch größte Mühe haben, seinen Kunden zu erklären, warum er einen Titel, den er bisher zu einem beliebigen Preis verkaufen konnte, fortan zu einem vom Verlag wieder vorgeschriebenen Preis anbieten muss. Die Preisbindung würde also unglaubwürdig (*Wallenfels,* Börsenblatt 30/2000, S. 20f.) Die Verlage treffen also bei ihrem Entschluss, die Preisbindung aufzuheben, eine endgültige Entscheidung, die nicht wieder rückgängig zu machen ist. Dies gilt für Exemplare der gleichen Auflage oder eines unveränderten Nachdrucks bzw. einer unveränderten Auflage, hat also besondere Bedeutung für belletristische Titel.

Bei Ausverkäufen mit völliger Aufgabe des Geschäftes und bei Insolvenzen, in denen das Geschäft nicht weitergeführt wurde, konnte nach bisheriger Rechtslage zu herabgesetzten Preisen verkauft werden. In solchen Fällen, so die Rechtsprechung, war es den vertraglich zur Einhaltung der Preisbindung gebundenen Buchhändlern nicht mehr zuzumuten, den gebundenen Ladenpreis einzuhalten, wenn die Verlage nicht bereit waren, die Bücher zurückzunehmen (*Franzen,* Rn. 172). Mit dem Systemwechsel von der vertraglichen zur gesetzlichen Preisbindung entfällt das Argument der Unzumutbarkeit der Erfüllung vertraglicher Verpflichtungen nach Treu und Glauben. Da nach dem BuchPrG nur der Verleger berechtigt ist, über die Beendigung der Preisbindung zu entscheiden, dürfen Buchhändler zukünftig auch bei Räumungsverkäufen nicht unter Preis verkaufen. Das bisher bestehende Recht der Verlage, zur Vermeidung von Unterpreisverkäufen ihrer Bücher zurückzunehmen (*Franzen*, Rn. 172) verändert sich in eine Verpflichtung zur Rücknahme innerhalb 12 Monate bezogener (analog § 3 Nr. 6 VO) verlagsneuer Bücher nach Treu und Glauben gem. § 242 BGB, weil das BuchPrG dem Händler bzw. Insolvenzverwalter die Möglichkeit des Verkaufs unter Ladenpreis in der Zwangslage des Räumenmüssens nimmt.

2. Ausnahmefälle

Absatz 2 regelt Ausnahmefälle, bei denen die Preisbindung vor Ablauf von 18 Monaten seit Herstellung einer Druckauflage aufgehoben werden kann, z.B. bei Jahr-Büchern, jährlich erscheinenden juristischen Kommentaren oder anderen Fachperiodika oder Büchern, die an aktuelle Ereignisse gebunden sind (vergleichbar dem in Sonderfällen verkürzten Mindestpreisabstand bei Buchclub-Ausgaben, vgl. § 5 Rn. 14 ff.). **3**

Preisaufhebungen sind in gleicher Weise wie Preisankündigungen dem Buchhandel mitzuteilen (vgl. § 5 Rn. 1).

II. Kennzeichnung aufgehobener Ladenpreise als unverbindlich

Bei Büchern, deren Preise gemäß Abs. 1 und 2 aufgehoben wurden, muss der Verlag, wenn er nicht bloß Händ- **4** lerabgabepreise, sondern weiterhin Endpreise angibt, deutlich machen, dass der angegebene Endpreis kein gebundener, sondern ein empfohlener Preis ist. Er muss in seinen Preislisten und Verlagsprospekten und Rechnungsvordrucken, die Bruttopreise enthalten sowie in seinen Anzeigen im Börsenblatt die Bruttopreise als „Unverbindliche Preisempfehlung" kennzeichnen. Zulässig ist auch die Bezeichnung „Unverbindlich empfohlener Preis". Das BKartA hat ein „Merkblatt über die Verwendung von unverbindlichen Preisempfehlungen vom Dezember 1980" B 5–126200–1001/80 herausgegeben, vornehmlich für damals noch preisbindungsfähige Markenwaren, entsprechend aber auch für Verlagserzeugnisse anwendbar, abgedruckt im GemK 4. Auflage als Anhang zu § 38a GWB, auszugsweise wiedergegeben und erläutert im Börsenblatt 73/1988, S. 2603. Hiernach müssen Preisempfehlungen ausdrücklich als unverbindlich bezeichnet werden, unabhängig davon, ob die Empfehlung an den Verbraucher gerichtet ist oder nur dem Handel zugänglich gemacht wird. Es sind die vorerwähnten Formulierungen zu verwenden. Der Unverbindlichkeitsvermerk muss deutlich gedruckt sein, in engem Zusammenhang mit dem empfohlenen Preis stehen und auch für den flüchtigen Leser ohne weiteres erkennbar sein. Er muss in allen Unterlagen, in denen die unverbindliche Preisempfehlung genannt wird (z.B. in Preislisten, Werbeschriften, Katalogen, auf der Verpackung, in Zeitungsannoncen, Rechnungen an Wiederverkäufer, Händlerrundschreiben) enthalten sein. Mehrseitige Unterlagen müssen den Vermerk auf jeder Seite enthalten, auf der empfohlene Preise genannt werden. Auch die Zwischenbuchhändler müssen in ihren Katalogen und Rechnungen an Sortimentsfirmen und sonstige Wiederverkäufer den Ordinärpreis mit dem Zusatz „Unverbindliche Preisempfehlung" versehen. Dies gilt auch für sonstige Hersteller von Katalogen, z.B. für das VlB. Sie brauchen den Vermerk auf den Seiten mit empfohlenen Preisen nur einmal zu bringen und können dann bei der einzelnen Preisangabe durch Sternchen darauf verweisen (so das

BKartA-Merkblatt). Der einzelne Sortimenter braucht auf die Unverbindlichkeit nicht hinzuweisen, wenn er nicht auf die Verlegerempfehlung Bezug nimmt und nur seine Preise angibt. Er empfiehlt nicht anderen die Preise. Unterlässt ein Verlag die Kennzeichnung bloß empfohlener Preise als unverbindlich, erweckt er also den Eindruck, der Preis sei gebunden, liegt darin ein Verstoß gegen das Verbot irreführender Werbung gemäß §§ 1, 3 UWG.

III. Preisänderungen

Unberührt von den Regelungen über die Aufhebung von Preisen bleibt das Recht der Verleger und Importeure, den Preis zu ändern, also heraufzusetzen oder zu senken, wenn dies zur Beschleunigung des Absatzes erforderlich sein sollte. Allerdings sind hierbei die Vorschriften des UWG zu beachten. So darf eine Preissenkung nicht so kurz nach der Festsetzung des höheren Preises erfolgen, dass damit der Eindruck erzeugt wird, die ursprüngliche Preisfestsetzung diene lediglich dem Zweck, durch Gegenüberstellung mit dem niedrigeren Preis den Anschein eines besonders vorteilhaften Angebotes zu erwecken. Der Vorwurf der Irreführung wäre begründet, wenn der „Normalpreis" nur Werbeinstrument ist. 5

Wegen der Veröffentlichung von Preisänderungen vgl. § 5 Rn. 1. Preissenkungen verpflichten den Verlag gem. § 3 Abs. 6 und 7 VO innerhalb dort genannter Fristen zur Rücknahme gelieferter Bücher oder zur Erteilung von Rabattgutschriften.

§ 9 Schadensersatz- und Unterlassungsansprüche

(1) **Wer den Vorschriften dieses Gesetzes zuwiderhandelt, kann auf Unterlassung in Anspruch genommen werden. Wer vorsätzlich oder fahrlässig handelt, ist zum Ersatz des durch die Zuwiderhandlung entstandenen Schadens verpflichtet.**

(2) **Der Anspruch auf Unterlassung kann nur geltend gemacht werden**

1. **von Gewerbetreibenden, die Bücher vertreiben,**
2. **von rechtsfähigen Verbänden zur Förderung gewerblicher Interessen, soweit ihnen eine erhebliche Zahl von Gewerbetreibenden angehört, die Waren oder gewerbliche Leistungen gleicher oder verwandter Art auf demselben Markt vertreiben, soweit sie insbesondere nach ihrer personellen, sachlichen und finanziellen Ausstattung imstande sind, ihre satzungsgemäßen Aufgaben der Verfolgung gewerblicher Interessen tatsächlich wahrnehmen, und die Handlung geeignet ist, den Wettbewerb auf dem relevanten Markt wesentlich zu beeinträchtigen,**
3. **von einem Rechtsanwalt, der von Verlegern, Importeuren oder Unternehmen, die Verkäufe an Letztabnehmer tätigen, gemeinsam als Treuhänder damit beauftragt worden ist, ihre Preisbindung zu betreuen (Preisbindungstreuhänder),**
4. **von qualifizierten Einrichtungen, die nachweisen, dass sie in die Liste qualifizierter Einrichtungen nach § 4 des Unterlassungsklagengesetzes oder in dem Verzeichnis der Kommission der Europäischen Gemeinschaften nach Artikel 4 der Richtlinie 98/27/EG des Europäischen Parlaments und des Rates vom 19. Mai 1998 über Unterlassungsklagen zum Schutz der Verbraucherinteressen (ABl. EG Nr. L 166 S. 51) in der jeweils geltenden Fassung eingetragen sind.**

Die Einrichtungen nach Satz 1 Nr. 4 können den Anspruch auf Unterlassung nur geltend machen, soweit der Anspruch eine Handlung betrifft, durch die wesentliche Belange der Letztabnehmer berührt werden.

(3) **Für das Verfahren gelten bei den Anspruchsberechtigten nach Absatz 2 Nr. 1 bis 3 die Vorschriften des Gesetzes gegen den unlauteren Wettbewerb und bei Einrichtungen nach Absatz 2 Nr. 4 die Vorschriften des Unterlassungsklagegesetzes.**

Übersicht

I. Gesetzgeberischer Zweck

Die in § 9 vorgesehenen Sanktionen bei Zuwiderhandlungen gegen die Preisbindung entsprechen der im Recht des unlauteren Wettbewerbs „bewährten Trias Unterlassungspflicht-Auskunftspflicht-Schadensersatz“ (Begründung zu § 9). Ebenso ist der Kreis der gemäß Abs. 2 Anspruchsberechtigten demjenigen angenähert, der in § 13 **1**

UWG festgelegt ist. Erweitert wird dieser Kreis um die Institution des Preisbindungstreuhänders: Diese Institution hat sich nach Auffassung des Gesetzgebers seit vielen Jahren bewährt und soll beibehalten werden. Der Gesetzgeber erhofft sich davon, dass durch die Preisbindungstreuhänder auch in Zukunft eine Vielzahl von Preisbindungsverstößen branchenintern abgestellt und sanktioniert werden (Begründung zu § 9). Abs. 3 verweist auf die Verfahrensvorschriften des Gesetzes gegen den unlauteren Wettbewerb bzw. des Unterlassungsklagengesetzes. Die Rechtslage entspricht derjenigen in Österreich, wonach Handlungen gegen die Preisfestsetzung und Preisbindung gemäß § 7 Abs. 1 ÖstBuchPrG als Handlungen i. S. d. § 1 des österreichischen UWG gelten. In Deutschland geht § 9 Abs. 1 BuchPrG als lex specialis der Regelung des § 1 UWG vor, wonach ein Verstoß gegen preisbindungsrechtliche Vorschriften nur dann als „unlauter“ anzusehen wäre, wenn der insoweit Handelnde hierdurch einen „Vorsprung durch Rechtsbruch“ im Wettbewerb erzielte. Nicht jeder Verstoß gegen preisbindungsrechtliche Vorschriften – etwa das Nicht-Festsetzen eines Endpreises durch einen Verleger oder Importeur – muss jedoch auch einen Vorsprung im Wettbewerb bedeuten. Der Normierung der Anspruchsgrundlage für Unterlassungs- und Schadensersatzansprüche kommt eine besondere Bedeutung zu, nachdem der Gesetzgeber sein ursprüngliches Vorhaben fallengelassen hat, Preisbindungsverstöße als Ordnungswidrigkeiten zu behandeln und Verstöße mit einem Bußgeld zu ahnden.

II. Zuwiderhandlungen

2 Den Vorschriften des Buchpreisbindungsgesetzes handelt insbesondere zuwider, wer

1. entgegen § 3 beim Verkauf von Büchern i. S. d. § 2 Abs. 1 nicht den vom Verleger oder Importeur festgesetzten Preis einhält;

2. entgegen der Verpflichtung gem. § 5 Abs. 1 S. 1 als Verleger oder Importeur keinen Preis für die von ihm verlegten oder importierten Bücher festsetzt und veröffentlicht;
3. entgegen § 5 Abs. 1 S. 2 als Verleger oder Importeur Änderungen des Preises der von ihm verlegten oder importierten Bücher nicht in geeigneter Weise bekannt macht;
4. entgegen § 5 Abs. 2 S. 1 als Importeur für die von ihm importierten Bücher den vom Verleger des Verlagsstaates für Deutschland empfohlenen Letztabnehmerpreis einschließlich der in Deutschland jeweils geltenden Mehrwertsteuer unterschreitet;
5. entgegen § 5 Abs. 2 S. 2 als Importeur für die von ihm importierten Bücher zur Festsetzung des Endpreises den vom Verleger für den Verlagsstaat festgesetzten oder empfohlenen Nettopreis für Endabnehmer zuzüglich der in Deutschland jeweils geltenden Mehrwertsteuer unterschreitet, sofern der Verleger keinen Preis für Deutschland empfohlen hat;
6. entgegen § 5 Abs. 3 als Importeur Bücher in einem Vertragsstaat des Abkommens über den Europäischen Wirtschaftsraum zu einem von den üblichen Einkaufspreisen im Einkaufsstaat abweichenden niedrigeren Einkaufspreis kauft und sodann den gemäß § 5 Abs. 2 festzulegenden Endpreis in einem Verhältnis herabsetzt, welches das Verhältnis des erzielten Handelsvorteils zu den üblichen Einkaufspreisen im Einkaufsstaat übersteigt;
7. als Verleger oder Importeur andere Sonderpreise festsetzt als die in § 5 Abs. 4 genannten;
8. entgegen § 6 Abs. 2 als Verlag branchenfremde Händler zu niedrigeren Preisen oder günstigeren Konditionen beliefert als den Buchhandel;
9. entgegen § 6 Abs. 3 als Verlag für Zwischenbuchhändler höhere Preise oder schlechtere Konditionen

festsetzt als für Letztverkäufer, die er direkt beliefert, sofern nicht der Letztverkäufer den höheren Rabatt als Ausgleich für zusätzliche sortimentsuntypische und besonders kostenträchtige Leistungen – z. B. Erschließung von Absätzen durch besonders kostenintensive Akquisitions- bzw. Vertriebsmethoden – erhält;

10. entgegen § 7 Abs. 2 anderen Institutionen als den dort genannten Nachlässe gewährt oder den genannten Institutionen höhere Nachlässe als die erlaubten gewährt;
11. entgegen § 7 Abs. 3 andere Nachlässe gewährt als die dort festgesetzten;
12. entgegen § 7 Abs. 4 Ziff. 1 Waren von mehr als geringem Wert oder Waren, die im Hinblick auf den Wert des gekauften Buches wirtschaftlich ins Gewicht fallen, abgibt;
13. entgegen § 7 Abs. 4 Ziff. 2 Kosten der Letztabnehmer für den Besuch der Verkaufsstelle übernimmt, sofern diese nicht geringwertig sind;
14. entgegen § 7 Abs. 4 Ziff. 4 Nebenleistungen erbringt, die nicht handelsüblich sind;
15. entgegen § 8 Abs. 1 als Verleger oder Importeur durch Veröffentlichung die Preisbindung für Bücher für beendet erklärt, die zu einer Druckauflage gehören, die vor weniger als 18 Monaten hergestellt wurde, sofern nicht eine Ausnahme nach § 8 Abs. 2 vorliegt.

III. Sanktionen (Abs. 1)

1. Unterlassung

3 Der Unterlassungsanspruch dient der Abwehr künftiger Zuwiderhandlungen gegen das BuchPrG. Voraussetzung ist grundsätzlich die drohende Gefahr einer solchen Zuwiderhandlung. Die Zuwiderhandlung muss jedoch noch nicht eingetreten sein: Die in § 9 Abs. 2 genannten

Anspruchsberechtigten brauchen die Vornahme einer Zuwiderhandlung nicht erst abzuwarten, es genügt die Erstbegehungsgefahr zur Durchsetzung des Unterlassungsanspruchs (BGHZ 2, 395). Dauert eine Zuwiderhandlung an, so resultiert aus dem Unterlassungsanspruch ein Anspruch auf Beendigung der Störung (Beseitigungsanspruch). Handelt der Verletzer vorsätzlich, so kann er auf Schadensersatz in Anspruch genommen werden.

a) Wiederholungsgefahr. Der Unterlassungsanspruch 4
nach § 9 Abs. 1 richtet sich in erster Linie gegen die Wiederholung einer Zuwiderhandlung gegen eine preisbindungsrechtliche Vorschrift. Die Wiederholungsgefahr besteht als materiell-rechtliche Voraussetzung des Unterlassungsanspruchs, wenn eine Wiederholung des rechtswidrigen Verhaltens ernsthaft und greifbar zu besorgen ist. Bei einer bereits begangenen Zuwiderhandlung besteht eine tatsächliche Vermutung für das Vorliegen der Wiederholungsgefahr. Die Wettbewerbsabsicht der im Buchgeschäft Handelnden lässt darauf schließen, dass derjenige, der einer preisbindungsrechtlichen Norm zuwider gehandelt hat, sein Verhalten auch in Zukunft fortsetzen will. An den Wegfall der Wiederholungsgefahr sind daher strenge Anforderungen zu stellen. Die Wiederholungsgefahr beschränkt sich regelmäßig auf die konkrete Verletzungshandlung, die Widerlegung ihres Vorliegens obliegt dem Verletzer. Im Regelfall lässt sich die Vermutung der Wiederholungsgefahr nur durch Abgabe einer bedingungslosen und unwiderruflichen Unterlassungserklärung unter Übernahme einer angemessenen Vertragsstrafe für jeden Fall der Zuwiderhandlung ausräumen (*Baumbach/Hefermehl*, Einl. UWG Rn. 263).

b) Unterlassungserklärung. In der Praxis hat sich die 5
strafbewehrte Unterlassungserklärung des Verletzers zum festen Brauch entwickelt. Hat also ein Buchhändler ein preisgebundenes Buch zu einem anderen als dem gebundenen Endpreis verkauft, so besteht eine Vermutung, dass

sich dieses Verhalten wiederholt. Diese Vermutung kann der Händler nur dadurch ausräumen, dass er eine strafbewehrte Unterlassungserklärung abgibt. Diese muss sich auf die konkrete Verletzungshandlung beziehen. Der Händler muss sich also zumindest verpflichten, den oder die konkreten Titel, die er abweichend von der Preisbindung verkauft hat, künftig zum gebundenen Ladenpreis zu verkaufen. Fraglich ist, ob im Hinblick auf das Bestimmtheitsgebot gem. § 253 Abs. 2 Nr. 2 ZPO auch eine weitergehende Unterlassungsverpflichtung verlangt werden kann: Etwa die Verpflichtung, die gebundenen Preise des betroffenen Verlages generell einzuhalten oder generell Bücher nicht zu anderen als den gebundenen Ladenpreisen zu verkaufen. Die Rechtsprechung tendiert zu einer restriktiven Handhabung. Zu unbestimmt war demgemäß der Antrag „Preise anzukündigen, es sei denn die Preise, die regelmäßig gefordert … und auch gezahlt werden" (BGH GRUR 1996, 796f. – Setpreis). Ebenfalls zu unbestimmt: „… Reklamegegenstände von mehr als geringem Wert anzubieten" (OLG Frankfurt WRP 1979, 67f.). Zu weitgehend ist danach eine vom Verletzer geforderte Erklärung, durch welche sich dieser im Grunde allgemein zur Einhaltung des BuchPrG verpflichtet. Man wird lediglich eine Erklärung verlangen können, die gebundenen Preise des betroffenen Verlages künftig einzuhalten. Für den Fall der Wiederholung einer insoweit konkret gefassten Zuwiderhandlung hat er eine angemessene Vertragsstrafe zu versprechen, die im Regelfall den Betrag von € 5000,00 übersteigen muss, um die Zuständigkeit der Landgerichte und der jeweiligen Kammer für Handelssachen für eine etwaige gerichtliche Überprüfung zu begründen. Dieses Ergebnis ist unbefriedigend, da ein Händler theoretisch immer neue Bücher unterschiedlicher Verlage zu anderen als den gebundenen Preisen anbieten kann, ohne mehr als eine Abmahnung fürchten zu müssen. Aus diesem Grunde gibt es Bestrebungen in der Buchbranche, die bislang im Sammelrevers enthaltene allgemeine Vertragsstrafenverpflichtung bei Preisbindungsverstößen auch in Zukunft beizubehalten. Dies wäre im Sinne einer effektiven Durchsetzung der Preisbindung und entspräche demgemäß dem Zweck des Gesetzes.

c) Erstbegehungsgefahr. Aus dem Wesen des Unterlassungsanspruchs folgt, dass er auch dann bereits gegeben ist, wenn eine Zuwiderhandlung erstmals unmittelbar drohend bevorsteht. Während die Wiederholungsgefahr bereits auf Grund einer begangenen Verletzung vermutet wird, muss der Kläger die tatsächlichen Umstände, die eine ernstlich drohende und die unmittelbar bevorstehende Gefahr einer erstmaligen Zuwiderhandlung begründen, im Einzelnen darlegen und beweisen. Im Unterschied zur Wiederholungsgefahr, die nach Vorliegen eines Verstoßes vermutet wird, bestehen insoweit höhere Anforderungen an die Beweisführung: Es müssen greifbare Anhaltspunkte dargelegt werden, dass eine Zuwiderhandlung in naher Zukunft bevorsteht. Eine bevorstehende Zuwiderhandlung ist anzunehmen, wenn Verstöße gegen die Preisbindung angekündigt werden. Bietet demnach ein Händler in Katalogen, Beilagen, Annoncen oder im Internet preisgebundene Bücher unterhalb des gebundenen Endpreises an, so besteht ab dem Moment des Erscheinens der Anzeige oder der Veröffentlichung im Internet eine konkrete Erstbegehungsgefahr. Auf ein Verschulden kommt es insoweit nicht an: Erfolgt die Falschauszeichnung versehentlich, so ist dies ebenso irrelevant wie ein vom Verlag oder der Druckerei zu verantwortender Druckfehler. Auch sonstige Absichtserklärungen und vorbereitende Maßnahmen, die eine künftige Zuwiderhandlung unmittelbar befürchten lassen, können die Erstbegehungsgefahr begründen. Solange noch keine Zuwiderhandlung vorliegt, kann die Erstbegehungsgefahr auch durch eine ernsthafte Aufgabe – oder Widerrufserklärung ausgeräumt werden. Für die Beseitigung der Erstbegehungsgefahr ist daher nicht wie bei einer Wiederholungsgefahr zwingend eine strafbewehrte Unterlassungserklärung erforderlich. Die Erstbegehungsgefahr kann bereits durch ein öffentlich bekannt gemach- 6 tes, entgegengesetztes Verhalten beseitigt werden. Kündigt also ein Händler den Verkauf eines preisgebundenen Buches zu einem niedrigeren Preis ab einem bestimmten Zeitpunkt an, so reicht es aus, wenn er durch eine weitere Anzeige dieses Angebot zurücknimmt und sich insoweit korrigiert. Eine strafbewehrte Unterlassungserklärung ist erst dann zwingend notwendig, wenn es bereits zu Verkäufen gekommen ist. Grundsätzlich sind an den Wegfall der Erstbegehungsgefahr weniger strenge Anforderungen zu stellen als an den Fortfall der durch eine Verletzungshandlung begründeten Wiederholungsgefahr (*Baumbach/Hefermehl*, Einl. UWG Rn. 306).

7 **d) Beseitigungsanspruch.** Der Beseitigungsanspruch dient dem Abstellen einer noch andauernden Zuwiderhandlung. Er resultiert aus § 1004 Abs. 1 BGB und läuft mit dem Unterlassungsanspruch gem. § 9 Abs. 1 BuchPrG parallel, wo die Nichtbeseitigung gleichbedeutend mit der Fortsetzung der Verletzungshandlung ist. Unterlassen ist insoweit mehr als Untätigkeit: Wer durch eine Zuwiderhandlung einen fortdauernden Verletzungszustand geschaffen hat, verletzt die Preisbindung auch in Zukunft, solange er die von ihm geschaffene Störungsquelle nicht beseitigt hat. Die Rechtspflicht zur Beseitigung folgt dann aus dem vorangegangenen Tun, Verschulden ist auch hier nicht erforderlich. Der in § 9 Abs. 1 BuchPrG genannte Unterlassungsanspruch umfasst auch die Pflicht zur Beseitigung eines fortdauernden Zustandes der Zuwiderhandlung, ohne dass eine Heranziehung von § 1004 BGB notwendig ist. Dies entspricht § 15 des österreichischen UWG, wonach der Anspruch auf Unterlassung auch das Recht umfasst, die Beseitigung des gesetzwidrigen Zustandes zu verlangen. Kündigt etwa eine Internet-Buchhandlung im Rahmen ihrer Homepage fortlaufend preisgebundene Bücher zu niedrigeren Preis an, so hat sie nicht nur den Verkauf dieser Bücher zu den falschen Preisen zu unterlassen, sondern auch das rechtswidrige Angebot zu beseitigen, und das Buch auf der Homepage zum gebun-

denen Preis anzukündigen. Ein Beseitigungsanspruch besteht auch gegenüber einem Verlag, der entgegen seiner Pflicht aus § 5 BuchPrG für einzelne seiner Bücher keinen Preis festsetzt oder bekanntmacht. Auch insoweit liegt eine gesetzeswidrige Störung vor. Dieser Beseitigungsanspruch – und mithin der Anspruch auf Festsetzung und Bekanntmachung der Ladenpreise – kann auch im Wege der einstweiligen Verfügung durchgesetzt werden. Zwar sind „Beseitigungsverfügungen" grundsätzlich nur dann zulässig, wenn sie nicht zu einer endgültigen Anspruchsbefriedigung führen (*Pastor/Ahrens/Jestaedt*, Kap. 60, Rn. 7). Der Verstoß eines Verlages gegen seine Pflicht zur Preisbindung nach § 5 stellt aber ein besonders schwerwiegendes Verhalten dar, da das Gesetz und die aus ihm rührenden Verpflichtungen der Buchhändler auf der Einhaltung der Preisbindungspflicht durch die Verlage basieren. Da der Gesetzgeber keine anderen Sanktionsmöglichkeiten als die in § 9 Abs. 1 genannten Ansprüche zur Verfügung gestellt hat, damit die Verlage ihre Verpflichtungen erfüllen, ist hieraus der Wille des Gesetzgebers zu entnehmen, diese Verpflichtung im Wege eines Beseitigungsanspruches durchsetzbar zu machen. In Anbetracht der Dauer eines Hauptsacheverfahrens und in Anbetracht des Umstandes, dass Bücher einer Auflage nach 18 Monaten nicht mehr preisgebunden sein müssen, kommt eine Durchsetzung nur im Wege des einstweiligen Verfügungsverfahrens in Betracht, um hier effektiven Rechtsschutz zu gewährleisten.

2. Schadensersatz

Wer vorsätzlich oder fahrlässig gegen eine Verpflichtung aus dem Preisbindungsgesetz zuwider handelt, ist zum Ersatz des durch die Zuwiderhandlung entstandenen Schadens verpflichtet. Wie bei wettbewerbsrechtlichen Schadensersatzansprüchen gilt die allgemeine Regel, dass der Kläger den Eintritt eines Schadens als anspruchsbegründende Tatsache zu beweisen hat. **8**

9 **a) Konkreter Schadensnachweis.** Ebenso wie bei Wettbewerbsverstößen wird sich auch im Falle eines Verstoßes gegen die Preisbindung der Nachweis eines konkreten Schadens meist als ausgesprochen schwierig darstellen, besonders wenn es um den Nachweis des entgangenen Gewinns geht. Verkauft etwa ein Internet-Buchhändler einzelne oder mehrere Bücher unterhalb des gebundenen Ladenpreises, so wird ein Buchhändler in Hamburg kaum nachweisen können, welcher Gewinn ihm hierdurch entgangen ist. Ein solcher Nachweis wird regelmäßig nicht einmal für Buchhandlungen innerhalb einer Stadt gelingen. Die konkrete Schadensberechnung wird daher regelmäßig nur in solchen Fällen zum Erfolg führen, wo sich zwei Händler um einen Großauftrag – etwa im Schulbuchgeschäft – beworben und der eine den anderen durch das Gewähren unzulässiger Nachlässe ausgestochen hat. Ansonsten läuft die konkrete Schadensberechnung regelmäßig leer.

10 **b) Objektive Schadensberechnung.** Den Problemen beim konkreten Schadensnachweis versucht die Rechtsprechung durch die Gewährung von Ansprüchen auf Auskunft und Rechnungslegung zu begegnen, ferner durch die Möglichkeit, den Schaden nicht nur konkret, sondern auch nach einer Lizenzanalogie und dem Verletzergewinn zu berechnen (objektive Schadensberechnung), darüber hinaus durch eine großzügige Handhabung der Schadensschätzung nach § 287 ZPO. Die objektive Schadensberechnung nach der Lizenzanalogie wird in Preisbindungssachen nicht vorkommen. Die Herausgabe des Verletzergewinns wird vom Bundesgerichtshof im Wettbewerbsrecht nur dann zugelassen, wenn vom Verletzer eine dem Immaterialgüterrechtsschutz vergleichbare Leistungsposition zur eigenen Gewinnerzielung ausgenutzt worden ist (BGH GRUR 1995, 349, 351 – Objektive Schadensberechnung). Solche Leistungspositionen wurden bislang in Fällen wettbewerbswidriger Nachahmung unter Benutzung fremder Geschäfts- und Betriebsgeheimnisse angenommen. Dem

liegt die Erwägung zugrunde, dass in solchen Fällen der Gewinn des Verletzers unmittelbar zu Lasten des Verletzten geht und dass hierfür die wettbewerbswidrige Handlung kausal ist. Fehlt es jedoch an einem direkten Zusammenhang zwischen der Entwicklung des Verletzergewinns und des Schadens aufseiten des Verletzten, so kommt eine objektive Schadensberechnung nach dem Verletzergewinn nicht in Betracht (*Pastor/Ahrens/Loewenheim,* Kap. 67, Rn. 3).

c) Stellungnahme. Diese Überlegungen führen im Ergebnis dazu, dass der Schadensersatzanspruch im Preisbindungsrecht zumeist leerlaufen wird. Eine konkrete Schadensberechnung ist regelmäßig nicht möglich, da etwa der einzelne Buchhändler kaum wird nachweisen können, wie viele Exemplare eines Titels er nicht verkaufte, weil ein anderer gegen die Preisbindung verstieß. Die objektive Schadensberechnung (insbesondere Herausgabe des Verletzergewinns) wird regelmäßig daran scheitern, dass es an einem direkten Zusammenhang zwischen Verletzergewinn und dem entstandenen Schaden aufseiten des Klägers fehlt. Verkauft etwa ein Internet-Händler eine Vielzahl von Büchern unterhalb des gebundenen Ladenpreises, so ist der daraus erwirtschaftete Gewinn nicht das Äquivalent zum Schaden, der einem bestimmten Buchhändler entsteht, der dann zufälligerweise den Anspruch als erster geltend macht. Der vom Gesetz gewährte Schadensersatzanspruch dürfte sich demnach in Preisbindungssachen als recht stumpfes Schwert erweisen. **11**

d) Verschulden. Die Ersatzpflicht verlangt grundsätzlich ein Verschulden, also vorsätzliches oder fahrlässiges Handeln. Vorsatz liegt vor, wenn der Verletzer die Zuwiderhandlung gegen seine preisbindungsrechtlichen Verpflichtungen nicht nur voraussieht, sondern sie auch billigt, den Bruch des Gesetzes also will. Insoweit genügt bedingter Vorsatz, wenn also die Zuwiderhandlung im Ergebnis zwar nicht erstrebt, sondern vorausgesehen und als mög- **12**

lich in Kauf genommen wird. Fahrlässigkeit liegt nach § 276 Abs. 2 BGB vor, wenn der Verletzer die im Verkehr erforderliche Sorgfalt außer acht lässt, den Verstoß gegen das Buchpreisbindungsgesetz nicht vorausgesehen hat, obwohl er voraussehbar war oder er ihn zwar voraussah, jedoch damit rechnete, dass es nicht zu einer Zuwiderhandlung käme. Für das Verschulden von Angestellten als Erfüllungsgehilfen hat der Buchhändler gemäß § 278 BGB wie für eigenes einzustehen. Eine Zuwiderhandlung gegen preisbindungsrechtliche Vorschriften wird regelmäßig zumindest fahrlässig begangen sein. Denn die Buchhändler sind mit der Preisbindung vertraut. Sie haben sich auch mit dem Preisbindungsgesetz als einem Spezialgesetz für den Buchhandel eingehend vertraut zu machen. In Zweifelsfragen stehen mit den buchhändlerischen Verbänden und den Preisbindungstreuhändern Institutionen zur Verfügung, die in Grenz- oder Zweifelsfällen Auskunft erteilen können. Die Einholung eines solchen Rats beseitigt das Verschulden des Verletzers auch dann, wenn etwa ein Gericht im Nachhinein feststellt, dass es sich entgegen der Auskunft um einen Preisbindungsverstoß gehandelt hat. Kein fahrlässiges Verhalten liegt vor, wenn etwa eine Druckerei in einem Katalog einen falschen Preis angibt, obwohl ihm vom Händler der richtige Preis übermittelt worden war.

3. Auskunft

13 Den Auskunftsanspruch erwähnt § 9 BuchPrG nicht. Der Gesetzgeber setzt ihn vielmehr als Teil der „bewährten Trias“ Unterlassungspflicht-Auskunftspflicht-Schadensersatz“ voraus. Zwar kennt das deutsche Recht keine allgemeine Auskunftspflicht (RGZ 102, 236). Hat jedoch der Verletzte einen Anspruch auf Schadensersatz, so dient die Auskunft dazu, dem Verletzten eine Berechnung seines Schadens zu ermöglichen. Dafür müssen dem Verletzten regelmäßig Art, Zeitpunkt und Umfang der Verstöße sowie der hierdurch erzielte Gewinn einschließlich der Gewinnberechnung dargelegt werden (BGH GRUR 1981, 286, 288 – Goldene Karte I). Ein Schaden muss nicht bereits nachgewiesen sein, es genügt die Darlegung, dass der Eintritt eines Schadens wahrscheinlich ist (BGH GRUR 1995, 744, 747 – Feuer, Eis & Dynamit I). Ein Anspruch auf Auskunft über den Umfang von Verletzungshandlungen kann auch dann gerechtfertigt sein, wenn sonst die zur Beseitigung der fortwirkenden Störungsquelle erforderlichen Maßnahmen nicht verwirklicht werden können (*Baumbach/Hefermehl*, Einl. UWG Rn. 401). Der Anspruch auf Bucheinsicht nach § 10 BuchPrG ist eine besondere Ausgestaltung des Auskunftsrechts, wobei es nach § 10 nicht auf das Bestehen eines Schadensersatz- oder Beseitigungsanspruches ankommt.

IV. Vereinbarung einer Vertragsstrafe

1. Vertragsstrafe nach Sammelrevers

Die Sanktionsmöglichkeiten des § 9 Abs. 1 sind im Er- **14**
gebnis unzureichend, um die Einhaltung der Preisbindung in einem Massenmarkt mit täglich Millionen von Verkaufsgeschäften effektiv zu gewährleisten. Da Schadensersatzansprüche im Regelfall ausscheiden, droht einem Verletzer lediglich eine Unterlassungsverpflichtung, diese aber auch immer nur bezogen auf einen konkreten Verstoß, demnach nur auf einen konkreten Titel oder das Programm des betroffenen Verlages. Damit kann nicht gewährleistet werden, dass sich der Verletzer auch in Zukunft an die Preisbindung hält. Aus diesem Grunde sahen Vorentwürfe des Gesetzes vor, dass Zuwiderhandlungen als Ordnungswidrigkeiten geahndet würden. Diese Absicht hat der Gesetzgeber später fallengelassen, der Buchhandel wurde auf die Möglichkeit hingewiesen, die bisherige Konventionalstrafenregelung nach A. Ziff. 6. des Sammelreverses weiterzuführen. Danach verpflichteten sich die am Revers beteiligten Verleger und Buchhändler

wechselseitig zur Zahlung einer Konventionalstrafe in Höhe des Rechnungsbetrages des angestrebten oder vollzogenen preisbindungswidrigen Geschäfts. Sie betrug mindestens € 1500,00 für den ersten Verstoß, € 2500,00 für jeden weiteren Verstoß und € 5000,00 für unzulässige Nachlassangebote an eine Mehrzahl von Abnehmern. Der Betrag war im Regelfall an das Sozialwerk des Deutschen Buchhandels oder an eine andere vom Preisbindungstreuhänder zu bestimmende soziale Einrichtung des deutschen Buchhandels zu zahlen. Der eine Vertragsstrafenregelung enthaltende Sammelrevers ist auf Anregung und in enger Abstimmung mit dem Bundeskartellamt entwickelt worden. Von Anbeginn an akzeptierte sowohl das Kartellamt wie auch die Rechtsprechung die Vertragsstrafenregelung des Sammelreverses. Auch die Literatur hatte hierzu keine Bedenken (*Emmerich*, IM § 16 a.F. Rn. 93). Grund hierfür war nicht das Erfordernis der Lückenlosigkeit der Preisbindung, die auch ohne Vereinbarung einer Vertragsstrafe gewährleistet werden kann, sondern deren effektive Durchsetzung: Die gedankliche Lückenlosigkeit erfordert nur ein konsequent durchdachtes System, wonach jeder Verkäufer eines preisgebundenen Buches vertraglich zur Einhaltung der Preisbindung verpflichtet ist. Die praktische Lückenlosigkeit gebietet, dass die Verlage Preisbindungsverstöße verfolgen und abstellen, da andernfalls ihre Preisbindung zusammenbricht, wirtschaftlich und rechtlich. Wie der Verlag einen Preisbindungsverstoß abstellte, war bislang ihm überlassen. Tat er nichts, so riskierte er die Aufhebung seiner Preisbindung durch das Kartellamt.

15 Der deutsche Buchhandel ist zur Durchsetzung einer effektiven Preisbindung bestrebt, eine vergleichbare Regelung zu etablieren. Dies soll durch Weiterführung des Sammelreverses geschehen, wobei dieser sich auf die Regelung zur Fachzeitschriften-Preisbindung nach § 15 Abs. 1 GWB und auf die Fortführung des Vertragsstrafensystems beschränken soll. Danach verpflichten sich alle Verlage und Händler wechselseitig, bei Zuwiderhandlungen gegen das Preisbindungsgesetz eine Vertragsstrafe zu zahlen. Die Verlage verpflichten sich gegenüber den Händlern im Sinne der Gleichbehandlung nur solche Händler zu beliefern, die ihrerseits am Vertragsstrafensystem beteiligt sind.

2. Bedenken des BKartA

Gegen dieses Vorhaben äußerte das Bundeskartellamt 16
im Vorfeld Bedenken: Es sei nicht zu erkennen, wieso es Aufgabe der Unternehmen sein soll, die praktische Lückenlosigkeit der Preisbindung durchzusetzen. Die Überwachung der Einhaltung von Gesetzen obliegen grundsätzlich dem Staat. Der Gesetzgeber habe in § 9 Abs. 1 Sanktionsmöglichkeiten bei Zuwiderhandlungen gegen die Preisbindung geschaffen und die Ansprüche auf Unterlassung und Schadensersatz damit für ausreichend erachtet. Sofern sich die Verlage verpflichteten, nur diejenigen Unternehmen zu beliefern, die eine derartige Vertragsstrafenregelung akzeptierten, stelle dies eine Beschränkung des noch möglichen Wettbewerbs dar. Die Folge sei die Unzulässigkeit nach § 1 GWB.

3. Stellungnahme

Die gedankliche Lückenlosigkeit des Systems ist nun- 17
mehr gesetzlich gewährleistet. Am Erfordernis der Durchsetzung auch der praktischen Lückenlosigkeit ändert sich in Zukunft nichts: Diese ist – wie bisher auch – Aufgabe der Unternehmen. Gelingt die Durchsetzung auch der praktischen Lückenlosigkeit nicht, wäre der Gesetzeszweck verfehlt; die Preisbindung stünde nach kurzer Zeit nur noch auf dem Papier. Es ist daher angeraten, den preisbindenden Unternehmen zur Durchsetzung ihrer Preisbindung eben jene Instrumente an die Hand zu geben, die auch in der Vergangenheit gegriffen haben.

Der Grund für die Vereinbarung einer Vertragsstrafe 18
nach § 339 S. 2 BGB war zum einen ihre generalpräventive Wirkung, zum anderen der oft schwierige Schadensnachweis (*Baumbach/Hefermehl*, § 1 UWG Rn. 744). An

diesem Bedürfnis ändert sich mit Inkrafttreten des Preisbindungsgesetzes nichts. Auf Grund der täglich millionenfach ablaufenden Verkaufsgeschäfte wird gegen die Preisbindung – das zeigt die Erfahrung – auch täglich vielfach verstoßen, häufig aus Unwissenheit, häufig in juristischen Grenzfällen. Die Androhung der Geltendmachung einer Vertragsstrafe reichte bislang in aller Regel aus, um die Verstöße sofort abzustellen. In der Praxis wurde die Zahlung einer Vertragsstrafe von den Preisbindungstreuhändern nur relativ selten durchgesetzt. Auch ist zu bedenken, dass die Verlage künftig ja nicht mehr gezwungen sind, Preisbindungsverstößen auch tatsächlich nachzugehen, da keine Aufhebung der Preisbindung durch das Kartellamt mehr droht. Eine wichtige Sanktion ist damit weggefallen. Preisbindungsverstöße laufen daher künftig solange weiter, bis sich jemand findet, der das Risiko eines Unterlassungs- oder Schadensersatzprozesses auf sich nimmt. Hierzu könnte die Bereitschaft gerade in den vielen Bagatellfällen, deren Bedeutung eben in der prinzipiellen Einhaltung der Preisbindung besteht, gering sein, wenn etwa ein Buch statt zum Preis von € 9,90 zum Preis von € 9,80 verkauft wird. Gerade hier war die Drohung mit der Geltendmachung der Vertragsstrafe in der Vergangenheit ein wirkungsvolles Mittel. Es entspricht langer Gesetzestradition, dass im Falle von massenhaft zu regelnden Vorgängen – und angesichts der Erwartung einer Vielzahl von Verstößen – der Gesetzgeber seine Gebote mit Bußgeldvorschriften absichert. Wenn dies im vorliegenden Fall unterblieben ist, so muss dem Buchhandel eine praktikable und effektive Möglichkeit an die Hand gegeben werden, Preisbindungsverstöße wirkungsvoll zu unterbinden. Der Weg über die Einholung einer Vielzahl von Einzel-Unterlassungserklärungen ist in einem Massengeschäft mit täglich neuen Titeln und Konstellationen ungeeignet: Das Ergebnis wäre ein von niemandem mehr zu durchschauendes System von wechselseitigen, für bestimmte Bücher, Verlagsprogramme und Konstellationen abgegebenen Unterlassungserklärungen.

Die durch eine generelle Vertragsstrafenregelung bewirkte Absicherung der Preisbindung liegt auch in der Intention des Gesetzgebers, durch ein stabiles Preisbindungssystem die kleineren und mittleren Buchhandlungen zu schützen. Auch § 1 GWB steht einer solchen Regelung nicht entgegen: Denn durch die Vereinbarung von Vertragsstrafen wird der Wettbewerb weder verhindert, noch eingeschränkt, noch verfälscht. Es wird lediglich die – früher vertraglich, jetzt gesetzlich – bestehende Verpflichtung zur Einhaltung des gebundenen Preises durch eine privatrechtliche Sanktionsmöglichkeit ergänzt, durch welche die effektive Durchsetzung der Preisbindung erleichtert und gesichert wird. Insoweit ändert sich bei der Beurteilung der Vertragsstrafenregelung nach § 1 GWB durch das neue Gesetz nichts. Im Ergebnis ist die vom Buchhandel vorgesehene Regelung somit geeignet, den Gesetzeszweck abzusichern. 19

V. Anspruchsberechtigte (Abs. 2)

1. Buchhändler und Verleger (Abs. 2 Nr. 1)

Der Anspruch auf Unterlassung und Beseitigung nach Abs. 1 kann von Gewerbetreibenden geltend gemacht werden, die Bücher vertreiben. Der Begriff des Gewerbetreibenden ist weit zu verstehen: Er umfasst nicht nur Personen, die durch dauernde wirtschaftliche Betätigung einen Gewinn anstreben. Der Begriff erstreckt sich vielmehr auch auf Freiberufler z. B. Ärzte, Anwälte, Heilpraktiker sowie auf Idealvereine (BGH GRUR 1993, 675, 676 – Kooperationspartner; BGH GRUR 1976, 370 f. – Lohnsteuerhilfeverein I). Anspruchsberechtigt sind aber in erster Linie Buchhändler, Zwischenbuchhändler und Verlage. Voraussetzung für die Anspruchsberechtigung ist lediglich, dass diese Personen „Bücher vertreiben". Damit geht § 9 Abs. 2 Ziff. 1 über den Anwendungsbereich von § 13 Abs. 2 Ziff. 1 UWG hinaus, indem auch „abstrakt" be- 20 troffene Gewerbetreibende anspruchsberechtigt sind. Ein abstrakt betroffener Mitbewerber ist nach § 13 Abs. 2 Ziff. 1 UWG nur dann klagebefugt, wenn er auf demselben Markt wie das unlauter handelnde Unternehmen tätig ist. Unter „demselben Markt" ist der räumliche (geographische) und sachliche Bereich zu verstehen, in dem sich die Angebote von Waren oder gewerblichen Leistungen gleicher oder verwandter Art begegnen, die Mitbewerber sich um denselben Kunden bemühen und daher in einem konkreten Wettbewerbsverhältnis stehen (*Baumbach/Hefermehl*, § 13 UWG Rn. 16). Nach § 9 Abs. 2 Ziff. 1 reicht es hingegen aus, dass ein Gewerbetreibender überhaupt mit Büchern handelt. Ob ein räumlicher oder sachlicher Zusammenhang besteht, ist nicht entscheidend: Demgemäß kann ein auf juristische Fachliteratur spezialisierter Händler in Hamburg ein Unternehmen in München auf Unterlassung in Anspruch nehmen, das auf medizinische Fachbücher spezialisiert ist, sofern dieses gegen die Preisbindung verstößt. Es kommt daher nicht darauf an, ob sich zwischen Anspruchsberechtigtem und Verletzer räumliche oder sachliche Berührungspunkte ergeben.

2. Verbände (Abs. 2 Nr. 2)

21 Anspruchsberechtigt sind weiterhin rechtsfähige Verbände zur Förderung gewerblicher Interessen. Die Regelung entspricht § 13 Abs. 2 Nr. 2 UWG. Nur ein rechtsfähiger Verband ist parteifähig und kann als solcher in zivilrechtlichen Angelegenheit klagen. Der Verband muss satzungsgemäß der Förderung gewerblicher Interessen dienen. Die Satzung muss hinreichend deutlich erkennen lassen, dass dieser Zweck verfolgt wird. Mischverbände, die gleichrangig sowohl Gewerbe- als auch Verbraucherinteressen fördern, sind nicht klagebefugt, da bei ihnen Interessengegensätze auftreten können (BGH GRUR 1983, 129 – Mischverband I). Dem Verband muss eine erhebliche Zahl von Gewerbetreibenden angehören, die auf dem-

selben Markt wie der Verletzer Waren oder gewerbliche Leistungen gleicher oder verwandter Art vertreiben. Das bedeutet, dass nur solche Verbände klagebefugt sind, denen eine erhebliche Zahl von Buchhändlern und/oder Verlegern angehören. Hinsichtlich der Anzahl der Mitglieder aus Buchhändlerkreisen kommt es darauf an, dass der Verband eine repräsentative Anzahl von Mitgliedern der betroffenen Branche aufweist. Dabei brauchen die Mitglieder nicht auf der gleichen Wirtschafts- oder Handelsstufe zu stehen: Auch ein reiner Sortimenterverband könnte etwa Verlage auf Unterlassung in Anspruch nehmen. Weiterhin muss der Verband seinen Zweck, gewerbliche Interessen zu fördern, nicht nur nach der Satzung, sondern auch nach seiner Tätigkeit wirklich erfüllen. Er muss hierzu die erforderlichen personellen, sachlichen und finanziellen Voraussetzungen besitzen, um seinen satzungsgemäßen Zwecken auch tatsächlich nachkommen zu können. Er muss also regelmäßig über entsprechend geschulte Mitarbeiter verfügen oder Anwälte beauftragen können, welche die Unterlassungsansprüche des Verbandes durchsetzen. Weiterhin muss die angegriffene Handlung geeignet sein, den Wettbewerb auf dem relevanten Markt wesentlich zu beeinträchtigen. Es ist dies ein materiell-rechtliches Erfordernis der Klagebegründung, das nur für Verbände, nicht jedoch für die anderen in § 9 Abs. 2 genannten Institutionen gilt. Eine Beeinträchtigung des Wettbewerbs auf dem Buchmarkt besteht in der Wirkung preisbindungswidrigen Verhaltens auf das gesamte Marktgeschehen. Die Feststellung, ob eine Handlung geeignet ist, den Wettbewerb nach Art und Schwere wesentlich zu beeinträchtigen, setzt eine nach objektiven und subjektiven Momenten unter Berücksichtigung aller Umstände des Einzelfalls zutreffende Wertung voraus. Diese hängt von der Art und Schwere des Verstoßes, von den zu erwartenden Auswirkungen auf den Wettbewerb, aber auch vom Schutzzweck der Preisbindung ab. Zu beachten sind auch die Anreizwirkung der Werbung für den Umworbenen sowie die Größe des erzielten Wettbewerbsvorsprungs

(BGH GRUR 1998, 599 – Flaschenpfand II). Die Auswirkungen auf das Marktgeschehen müssen so gewichtig sein, dass die Interessen der Allgemeinheit einschließlich der Verbraucher ernsthaft betroffen sind (*Baumbach/Hefermehl*, § 13 UWG Rn. 18 b).

3. Preisbindungstreuhänder der Verlage

22 Der Begriff Treuhänder ist sowohl im Rechtssinn als auch im allgemeinen Sprachgebrauch vieldeutig. Das Wort will hier sagen: Die beauftragten Anwälte werden im buchhändlerischen Gesamtinteresse tätig, nicht etwa nur im Interesse der Verlage, die sie formell beauftragt haben. Sie haben vielmehr ein vom Anwaltsmodell Parteivertreter deutlich abweichendes Amt. Das Interesse, das sie vertreten, ist in erster Linie die Erhaltung der Buchpreisbindung. Sie haben alles zu bekämpfen, was ihr schadet. Sie fördern daher allgemein und im Einzelfall auch Sortimenter- oder Zwischenbuchhändlerinteressen. Dazu gehört, dass sie intern auch einzelnen ihrer Auftraggeber-Verlage entgegentreten. Dazu gehört weiter, dass sie die Verlage in deren eigenem Interesse vor Handlungen bewahren, die der Preisbindung zuwider laufen. Auch würden die Preisbindungstreuhänder ihre Glaubwürdigkeit beim Buchhandel und in der Öffentlichkeit aufs Spiel setzen, wenn sie Verstößen nicht in der durch das Auftragsverhältnis gebotenen Form entgegentreten würden. Vor allem aber legt ihre Aufgabe sie auf das gemeinsame Anliegen fest. Sie sind daher auch gegenüber ihren jeweils anderen Auftraggeber-Verlagen verpflichtet, dem preisbindungswidrigen Verhalten einzelner entgegenzuwirken. Verlagsverstöße wirken sich oft in größeren Dimensionen aus und stellen daher eine ernsthaftere Gefährdung der Preisbindung dar, als Einzelverstöße eines Buchhändlers. Der Name Preisbindungstreuhänder bringt sodann zum Ausdruck, dass sie die Interessen des gesamten Buchhandels auf dem Gebiet der Preisbindung auch nach Außen wahrzunehmen haben (in Ergänzung zur Tätigkeit des Börsenvereins), so gegenüber

den Gesetzgebungsorganen, der öffentlichen Verwaltung, z.B. dem Kartellamt, den anderen Berufsverbänden und den Kunden (*Franzen,* Rn. 113, 115).

Eine höchstrichterliche Bestätigung für die Arbeit der Preisbindungstreuhänder hat der Bundesgerichtshof im Jahre 1985 gegeben (BGH NJW-RR 1986, 259 ff. – Preisbindungstreuhänder-Empfehlung). Der BGH bestätigte damals, dass Vorschläge der Preisbindungstreuhänder über die Durchführung der Preisbindung im Sammelreverssystem nicht dem Empfehlungsverbot des § 38 Abs. 1 Nr. 11 GWB a.F. unterlägen, solange sichergestellt sei, dass den bindenden Verlagen und den gebundenen Händlern eine freie Entscheidung offenstehe. Diese Rechtsprechung lässt sich auf Grund des in der Begründung angegebenen Gesetzeszwecks auf die aktuelle Situation übertragen. Der Preisbindungstreuhänder ist daher berechtigt, Empfehlungen zur gleichförmigen Regelung von Preisbindungsfragen innerhalb der Buchbranche zu geben. **23**

Preisbindungstreuhänder der Verlage ist ein Rechtsanwalt, der von Verlegern oder Importeuren gemeinsam damit beauftragt worden ist, ihre Preisbindung zu betreuen. Die Institution des Preisbindungstreuhänders ist im Buchhandel seit vielen Jahren bekannt. Seine Aufgabe war stets die Organisation der Preisbindung der am Sammelrevers beteiligten Verlage, die Überwachung ihrer Einhaltung sowie die Verfolgung von Preisbindungsverstößen. Das Gesetz bezweckt eine Beibehaltung der Institution des Preisbindungstreuhänders, da diese sich seit vielen Jahren bewährt habe. Das Gesetz bezweckt weiterhin, dass durch Einschaltung des Treuhänders viele Fälle von Preisbindungsverstößen branchenintern geregelt werden (Begründung zu § 9 Abs. 2). Hintergrund ist folgender: Die Verlage sind und bleiben für ihr Preisbindungssystem verantwortlich. Sie müssen laufend und durch aktives Handeln dafür Sorge tragen, dass die von ihnen festgesetzten Bindungen auch eingehalten werden und keine Lücken entstehen. Dazu gehört mehr als die Verfolgung von Preisbindungsverstößen: Dazu gehört vor allem die Beratung **24** der Verlage, der Buchhandlungen, der Kunden des Buchhandels, von Bibliotheken, öffentlichen Auftraggebern, Kommunen und kommunalen Verbänden, Ministerien und Kartellbehörden. Häufig werden Grundsatzfragen gestellt, die sich mit Preisbindungsproblemen beschäftigen und im Interesse einer brancheneinheitlichen Handhabung einer zentralen Beantwortung bedürfen. Die Inanspruchnahme der Gerichte ist zur Klärung solcher Fragen im Regelfall zu langwierig und zu umständlich. So wurden bislang an die Preisbindungstreuhänder stets eine Vielzahl von oft telefonischen Anfragen seitens der Verleger und Buchhändler gerichtet, wie man sich in diesem oder jenen Fall zu verhalten habe. Die Anfragenden akzeptieren in aller Regel auch die erteilten Auskünfte, weil sie auf das Expertenwissen vertrauen und der Preisbindungstreuhänder als eine objektive Instanz zwischen widerstreitenden Interessen der buchhändlerischen Sparten angesehen wurde.

25 Eine effektive Durchführung der Preisbindung und damit die Erreichung des vom Gesetzgeber verfolgten Zwecks ist bei über 6000 Marktteilnehmern ohne intensive Beratung in den vielfältigen Einzelfragen und gegenüber unterschiedlichsten Teilnehmern und Institutionen kaum denkbar. Ohne Preisbindungstreuhänder ist zu befürchten, dass eine Preisbindung mit ihren abertausend Einzelfragen und Problemen nicht funktionieren kann. Demgemäß hat der Gesetzgeber die Institution des Preisbindungstreuhänders erhalten, indem er dem Treuhänder mit der Aktivlegitimation zur Verfolgung von Preisbindungsverstößen ausgestattet hat. Damit verbunden ist jedoch ausweislich der Gesetzesbegründung auch der Auftrag, Preisbindungsverstöße „weiterhin branchenintern" zu regeln, diese mithin durch entsprechende Beratung zu vermeiden, durch aktives Eingreifen abzustellen und Unterlassungserklärungen für die Zukunft einzuholen. Auch die Lösung von Grundsatzfragen gehört zu seinen Aufgaben, um die einheitliche Handhabung innerhalb der gesamten Branche zu gewährleisten. Der Zweck des Gesetzes setzt damit eine entsprechende Autorität des Treuhänders voraus. Diese ist nur gegeben, wenn die von ihm vertretenen Verlage und Importeure nach Zahl und Größe ein repräsentatives Spiegelbild der Branche sind. Nur in diesem Fall besteht die Aktivlegitimation. Ein wichtiges Steuerungsinstrument des Preisbindungstreuhänders ist die Fortsetzung des Vertragsstrafensystems aus dem Sammelrevers. Hiermit steht den Preisbindungstreuhändern ein ebenso präventiv wie repressiv wirkendes Mittel zur Verfügung, Preisbindungsverstöße schnell und effektiv abzustellen.

4. Preisbindungstreuhänder des Sortiments

Das Gesetz sieht vor, dass auch Unternehmen, die Verkäufe an Letztabnehmer tätigen, gemeinsam einen Preisbindungstreuhänder beauftragen können, „ihre Preisbindung zu betreuen". Diese Formulierung ist zumindest missverständlich, da die Buchhändler selbst ja keine Preise binden können. Gemeint ist, dass auch die Buchhändler einen Treuhänder beauftragen können, der die ordnungsgemäße Handhabung der Preisbindung durch die Verlage überwacht und bei Verstößen – etwa unzulässige Nachlassangebote im Direktgeschäft mit dem Letztabnehmer – tätig wird. Die Institution des Sortimenter-Bevollmächtigten gab es auch bisher: Er war formell wegen des Schriftformerfordernisses nach § 15 Abs. 2 Satz 1 GWB nur eingeschaltet für den Eintritt neuer Verlage in das Sammelreverssystem und bei Textänderungen. Materiell war er darüber hinaus Interessenvertreter des Sortiments gegenüber unkorrekt handelnden Verlagen (*Franzen*, Rn. 114). 26

5. Verbraucherverbände

Die Einhaltung der Preisbindung dient auch dem Schutz der Verbraucher. Aus diesem Grunde sind auch diejenigen Verbände aktivlegitimiert, die in den genannten Verzeichnissen eingetragen sind. 27

28 **a) Einrichtungen nach § 4 UKlaG.** Die Liste qualifizierter Einrichtungen nach § 4 UKlaG wird beim Bundesverwaltungsamt geführt. Die Liste wird mit dem Stand zum 1. Januar eines jeden Jahres im Bundesanzeiger bekanntgemacht und der Kommission der Europäischen Gemeinschaften zugeleitet. In die Liste werden auf Antrag rechtsfähige Verbände eingetragen, zu deren satzungsmäßigen Aufgaben es gehört, die Interessen der Verbraucher durch Aufklärung und Beratung nicht gewerbsmäßig und nicht nur vorübergehend wahrzunehmen, wenn sie in diesem Aufgabenbereich tätige Verbände oder mindestens 75 natürliche Personen als Mitglieder haben. Weiterhin müssen die Verbände seit mindestens einem Jahr bestehen und auf Grund ihrer bisherigen Tätigkeit Gewähr für eine sachgerechte Aufgabenerfüllung bieten. Dabei wird unwiderleglich vermutet, dass Verbraucherzentralen und andere Verbraucherverbände, die mit öffentlichen Mitteln gefördert werden, diese Voraussetzungen erfüllen. Die Eintragung in die Liste erfolgt unter Angabe von Namen, Anschrift, Registergericht, Registernummer und satzungsmäßigem Zweck.

29 **b) Verzeichnis der Kommission.** Nach Art. 4 Abs. 3 der Richtlinie 98/27/EG erstellt die Kommission ein Verzeichnis der ihr im Hinblick auf grenzüberschreitende Verstöße innerhalb der Gemeinschaft von den Mitgliedstaaten mitgeteilten qualifizierten Einrichtungen unter Angabe ihrer Namen und ihres Zwecks. Das Verzeichnis wird nach Art. 4 Abs. 3 im Amtsblatt der Europäischen Gemeinschaften veröffentlicht. Die qualifizierten Einrichtungen werden von den Mitgliedstaaten als klagebefugt anerkannt.

30 **c) Verletzung von Verbraucherinteressen.** Verbraucherverbände können nach § 9 Abs. 2 Satz 2 BuchPrG den Anspruch auf Unterlassung nur geltend machen, soweit der Anspruch eine Handlung betrifft, durch die wesentliche Belange der Letztabnehmer berührt werden. Verbraucher-

verbände sind nicht dazu berufen, allgemein öffentliche Belange wahrzunehmen (*Baumbach/Hefermehl*, § 13 UWG Rn. 41). Daraus ist zu folgern, dass nicht bereits jeder Verstoß gegen die Preisbindung eine Handlung darstellt, durch die wesentliche Belange der Verbraucher berührt werden. Dies wird demgemäß nur dann der Fall sein, wenn Bücher zu einem höheren als dem gebundenen Ladenpreis verkauft werden oder wenn Verstöße größeren Ausmaßes die Preisbindung insgesamt gefährden.

VI. Verfahrensvorschriften (Abs. 3)

Das Gesetz verweist für das Verfahren bei den Anspruchsberechtigten nach § 2 Nr. 1 bis 3 auf die Verfahrensvorschriften des UWG, bei den Einrichtungen nach Abs. 2 Nr. 4 auf die Vorschriften des Unterlassungsklagegesetzes. Im Regelfall einer Geltendmachung von Unterlassungsansprüchen durch die in Abs. 2 Ziff. 1 bis 3 genannten Personen und Institutionen gelten somit die Verfahrensvorschriften des UWG. **31**

1. Abmahnung

Der Anspruchsberechtigte wird bei Vorliegen einer Zuwiderhandlung den Verletzer zunächst abmahnen, um die Kostenfolge eines Anerkenntnisses im Prozess nach § 93 ZPO zu vermeiden. Eine Abmahnung kann indes entbehrlich sein, wenn wegen der drohenden Nachteile der Verstoß besonders eilig unterbunden werden muss, wenn eine Verzögerung unzumutbar ist oder wenn feststeht, dass eine Abmahnung erfolglos bleiben wird. Auch bei vorsätzlichem oder schwerwiegendem Verhalten ist eine Abmahnung entbehrlich (*Pastor/Ahrens/Deutsch*, Kap. 9, Rn. 1, 9). Allerdings ist wegen der uneinheitlichen Rechtsprechung hierzu den Berechtigten stets zu empfehlen, vor Einleitung gerichtlicher Schritte abzumahnen, um das Kostenrisiko des § 93 ZPO zu vermeiden. **32**

2. Kosten der Abmahnung

33 Die sachgerechte Prüfung, ob ein Preisbindungsverstoß vorliegt, die Einforderung einer Unterlassungserklärung unter Mitteilung des Preisbindungsvorwurfs und unter Fristsetzung, andernfalls man den Gerichtsweg beschreiten werde, verursacht für den Abmahnenden regelmäßig Kosten. Dabei handelt es sich entweder um die Kosten des Rechtsanwalts, des Preisbindungstreuhänders oder die Personal- und Sachaufwendungen eines Verbandes. Abmahnungskosten sind nach dem Zweck der Abmahnung Vorbereitungskosten des Klage- und Verfügungsverfahrens. Sie gehören damit zu den Kosten des nachfolgenden Verfahrens und fallen nach § 91 ZPO grundsätzlich der unterliegenden Partei zur Last. Hat sich ein Unterlassungsanspruch außergerichtlich erledigt, so kann dem Verletzten ein materiell-rechtlicher Anspruch auf Erstattung der ihm entstandenen Kosten unter dem Gesichtspunkt des Schadensersatzes zustehen (BGH GRUR 1982, 489 – Korrekturflüssigkeit). Ein solcher Anspruch setzt indes voraus, dass der Abgemahnte schuldhaft gehandelt hat. Auch wenn den Abgemahnten kein Verschulden trifft, können unter dem Gesichtspunkt der Geschäftsführung ohne Auftrag nach §§ 683 S. 1, 677, 670 BGB sowohl der verletzte Wettbewerber als auch ein nach § 9 Abs. 2 Ziff. 2 und 3 klageberechtigter Verband oder Preisbindungstreuhänder Ersatz der zur zweckentsprechenden Rechtsverfolgung erforderlichen Abmahnungskosten verlangen, ohne unmittelbar geschädigt zu sein. Denn die Abmahnung dient der Beseitigung der rechtswidrigen Störung, zu welcher der Störer verpflichtet ist. Wettbewerbsvereine und Fachverbände, zu deren satzungsgemäßem Zweck auch die Bekämpfung unlauteren Wettbewerbs gehört, müssen zur Erfüllung ihres Satzungszwecks sachlich und personell so ausgestattet sein, dass sie eine durchschnittlich schwierige Abmahnung ohne anwaltliche Hilfe und mit eigenen Kräften vornehmen können. Ist ein Anwalt nur mit der Abmahnung, nicht mit der Einreichung einer Klage oder Erwirkung einer einst-

weiligen Verfügung, beauftragt worden, so steht ihm nach § 118 Abs. 1 Nr. 1 BRAGO die Mittelgebühr von 7,5/10 der vollen Gebühr zu (BGH GRUR 1973, 384 – Goldene Armbänder). Diese Regelung gilt auch für Preisbindungstreuhänder, die zwingend Rechtsanwälte sein müssen. Die Gebühr ist jeweils auf ein nachfolgendes Verfügungsverfahren anzurechnen (OLG München WRP 1982, 542).

3. Einstweilige Verfügung

Unterwirft sich der Verletzer nicht, so ist die Beantragung **34**
einer einstweiligen Verfügung das Mittel der Wahl, da es zumeist um die schnelle Abstellung eines Verstoßes geht. Insoweit gilt die Vergünstigung des § 25 UWG. Dieser erlaubt, von den Erfordernissen der §§ 935, 940 ZPO abzusehen: Dies bedeutet die Befreiung von der Darlegung und Glaubhaftmachung des Verfügungsgrundes. Hierdurch wird die Verfolgung von Preisbindungsverstößen erleichtert. Dies bedeutet, dass die „Dringlichkeit“ oder „Eilbedürftigkeit“ auch in Preisbindungssachen vermutet wird. Diese Vermutung ist jedoch widerlegbar. Im Übrigen muss der Antragsteller den Verfügungsanspruch bezeichnen und seine tatsächlichen Voraussetzungen glaubhaft machen (§§ 936, 920 Abs. 2 ZPO). Er hat daher grundsätzlich alle Tatsachen darlegen und glaubhaft zu machen, die er auch im Hauptsacheverfahren darlegen und im Streitfall beweisen müsste (*Baumbach/Hefermehl*, § 25 UWG Rn. 8). Der fliegende Gerichtsstand nach § 24 Abs. 2 S. 1 steht allerdings nur dem unmittelbar verletzten Mitbewerber zur Verfügung. Ansonsten muss am Gerichtsstand des Verletzers geklagt werden.

4. Verjährung

Das Buchpreisbindungsgesetz regelt die Frage nicht, ab **35**
wann der Verletzer die Einrede der Verjährung geltend machen kann. Da dies keine Verfahrensfrage ist, verweist Abs. 3 nicht auf § 21 UWG. Es gilt daher die Regelverjährung des § 195 BGB, die alle privatrechtlichen Ansprüche erfasst, sofern durch Gesetz oder Rechtsgeschäft keine an-

deren Fristen bestimmt sind. Die Verjährung von Preisbindungsverstößen beträgt somit drei Jahre. Sie beginnt nach § 199 Abs. 1 BGB mit dem Schluss des Jahres, in dem der Anspruch entstanden ist und der Anspruchsberechtigte von den den Anspruch begründenden Umständen und der Person des Verletzers Kenntnis erlangt hat oder ohne grobe Fahrlässigkeit hätte erlangen können. Für den Schadensersatzanspruch sieht § 199 Abs. 3 BGB Höchstfristen vor.

§ 10 Bucheinsicht

(1) **Sofern der begründete Verdacht vorliegt, dass ein Unternehmen gegen § 3 verstoßen hat, kann ein Gewerbetreibender, der ebenfalls Bücher vertreibt, verlangen, dass dieses Unternehmen einem von Berufs wegen zur Verschwiegenheit verpflichteten Angehörigen der wirtschafts- oder steuerberatenden Berufe Einblick in seine Bücher und Geschäftsunterlagen gewährt. Der Bericht des Buchprüfers darf sich ausschließlich auf die ihm bekannt gewordenen Verstöße gegen die Vorschriften dieses Gesetzes beziehen.**

(2) **Liegt eine Zuwiderhandlung vor, kann der Gewerbetreibende von dem zuwiderhandelnden Unternehmen die Erstattung der notwendigen Kosten der Buchprüfung verlangen.**

Übersicht

I. Gesetzgeberischer Zweck

1 Die Möglichkeit einer Bucheinsicht ist notwendig, um eine effektive Verfolgung von Preisbindungsverstößen zu gewährleisten, da der klageführende Wettbewerber die

Tatsachen, die seinem Anspruch zugrunde liegen, beweisen muss. Dem Wettbewerber soll die Beweisführung erleichtert werden. Sein Anspruch auf Bucheinsicht tritt damit neben den allgemeinen Auskunftsanspruch nach § 9 Abs. 1 BuchPrG und wird im Regelfall schneller zum Ziel führen, da die Auskunftserteilung nur eingeklagt werden muss, wenn sich der potentielle Verletzer der Bucheinsicht widersetzt. Auch setzt der Auskunftsanspruch nach § 9 Abs. 1 bestehende Schadensersatzansprüche voraus. Häufig werden jedoch auch Mitbewerber, denen selbst kein unmittelbarer Schaden entstanden ist, zumindest einen Anspruch auf Unterlassung geltend machen wollen. Die Bucheinsicht nach § 10 dient auch dazu, dem Mitbewerber die Durchsetzung eines Unterlassungs- oder Beseitigungsanspruches zu ermöglichen. Damit reicht § 10 weiter als der Auskunftsanspruch nach § 9. Der Anspruch auf Bucheinsicht hat im übrigen Tradition. Nach A Nr. 7 des Sammelreverses verpflichtete sich der gebundene Händler, einem vereidigten Buchprüfer Einblick in seine Bücher einschließlich der Geschäftsunterlagen zu geben, wenn die begründete Vermutung bestand, dass er gegen die Preisbindung verstieß. Zwischenbuchhändler mussten sich darüber hinaus bereit erklären, auch ohne Anlass einem Buchprüfer offenzulegen, dass sie nur reversgebundene Firmen mit Händlerrabatt belieferten. Die Buchprüfer hatten sich gegenüber den Händlern bei Beginn der Prüfung zu verpflichten, über alle ihnen durch die Prüfung bekannt werdenden Vorgänge, die nicht Preisbindungsverstöße betreffen, Stillschweigen zu bewahren. Dieser Sammelreversregelung ist § 10 nachgebildet. Das österreichische Gesetz kennt keinen vergleichbaren Anspruch.

II. Buchprüfung (Abs. 1)

1. Begründeter Verdacht

Der Anspruch des Wettbewerbers auf Bucheinsicht setzt 2
den „begründeten Verdacht“ voraus, dass ein Unterneh-

men gegen seine Verpflichtungen aus § 3 BuchPrG verstoßen hat. Damit ist das Bucheinsichtsrecht auf Fälle beschränkt, in denen der Verdacht besteht, dass ein Buchverkäufer Bücher an Letztabnehmer zu anderen als den nach § 5 festgesetzten Preisen veräußert hat. Andere Zuwiderhandlungen (vgl. § 9 Rn. 2, Ziff. 1–15) begründen demnach kein Bucheinsichtsrecht. Ein „begründeter Verdacht“ bedeutet weniger als der strafprozessuale „dringende Tatverdacht“ und auch weniger als „Glaubhaftmachung“, die Voraussetzung für den Erlass einer einstweiligen Verfügung. Der begründete Verdacht reicht für das Verlangen auf Bucheinsicht aus. Dies ist wichtig, weil gerade in gravierenden Fällen – etwa bei Großaufträgen – Testkäufe ausscheiden und eindeutige Beweismittel selten zur Verfügung stehen (*Franzen*, Rn. 166.1). Ein begründeter Verdacht liegt daher vor, wenn Tatsachen nachweisbar sind, die bei lebensnaher Betrachtung auf einen Preisbindungsverstoß gem. § 3 schließen lassen.

2. Anspruchsinhaber

3 Den Anspruch auf Auskunft kann jeder Gewerbetreibende geltend machen, der ebenfalls Bücher vertreibt. Dies ist der gleiche Personenkreis, der nach § 9 Abs. 2 Nr. 1 zur Geltendmachung von Unterlassungsansprüchen aktivlegitimiert ist. Der Begriff des Gewerbetreibenden ist somit auch hier weit zu verstehen: Erfasst sind in erster Linie Buchhändler, Zwischenbuchhändler und Verlage, darüber hinaus aber auch natürliche und juristische Personen, die geschäftsmäßig Bücher verkaufen, ohne in der Absicht dauernder Gewinnerzielung zu handeln (z.B. Freiberufler und Vereine).

3. Buchprüfer

4 Wer auf Grund eines begründeten Verdachts eine Bucheinsicht dulden muss, hat lediglich einem zur Verschwiegenheit verpflichteten Angehörigen der wirtschafts- oder steuerberatenden Berufe Einblick in seine Bücher und Ge-

schäftsunterlagen zu gestatten. Das sind Rechtsanwälte, Wirtschaftsprüfer, vereidigte Buchprüfer, Steuerberater, Steuerbevollmächtigte oder Organe oder Mitglieder eines Organs einer Rechtsanwalts-, Wirtschaftsprüfungs-, Buchprüfungs- oder Steuerberatungsgesellschaft (§ 203 Abs. 1 Nr. 3 StGB). Durch die gesetzliche Beschränkung auf zur Verschwiegenheit verpflichtete Personen soll sichergestellt werden, dass die Bucheinsicht nicht zur Ausforschung des Konkurrenten, sondern lediglich zur Ermittlung konkreter Preisbindungsverstöße durchgeführt wird. Dementsprechend darf sich der Bericht des Buchprüfers ausschließlich auf die ihm im Zusammenhang mit der Bucheinsicht bekanntgewordenen Verstöße gegen § 3 erstrecken. Hinsichtlich aller anderen Tatsachen, die dem Prüfer bekannt werden, insbesondere Umsatzzahlen, Geschäftsverbindungen und sonstige Geheimnisse aus dem persönlichen und geschäftlichen Bereich des Geprüften, dürfen im Prüfungsbericht nicht enthalten sein. Der Strafschutz der beruflichen Schweigepflicht ist in § 203 ff. StGB geregelt. Wer als Buchprüfer ihm bekannt gewordene Betriebs- oder Geschäftsgeheimnisse offenbart, kann nach § 203 Abs. 1 StGB mit Freiheitsstrafe bis zu einem Jahr oder mit Geldstrafe bestraft werden. Handelt der Prüfer gegen Entgelt oder in der Absicht, sich oder einen anderen zu bereichern oder einen anderen zu schädigen, so kann dies mit Freiheitsstrafe bis zu zwei Jahren oder Geldstrafe bestraft werden.

4. Einblick in Bücher und Geschäftsunterlagen

Jeder Kaufmann ist verpflichtet, Bücher zu führen und **5** in diesen seine Handelsgeschäfte nach den Grundsätzen ordnungsmäßiger Buchführung ersichtlich zu machen. Der Kaufmann muss Handelsbücher führen und Inventare und Bilanzen errichten. Diese muss der Unternehmer dem Buchprüfer vorlegen. Ebenso Handelsbriefe und Buchungsbelege, Kontoauszüge und alle sonstige Unterlagen, aus denen sich Tatsachen ergeben können, die zur Erledigung des Auftrages für den Buchprüfer von Bedeutung sein können. Hierzu gehört auch, dass der Unternehmer dem Prüfer Einblick in seine elektronische Datenverarbeitung gewährt und ihm hierzu die notwendigen Informationen erteilt und Auskünfte gibt.

III. Kosten der Buchprüfung (Abs. 2)

6 Kommt der Buchprüfer in seinem Bericht zu dem Ergebnis, dass ein Verstoß gegen § 3 BuchPrG vorliegt, so hat das zuwiderhandelnde Unternehmen demjenigen Gewerbetreibenden, der die Buchprüfung veranlasst hat, die Kosten des Prüfers zu erstatten. Konnte ein Verstoß nicht festgestellt werden, so trägt der die Buchprüfung veranlassende Gewerbetreibende die Kosten des Prüfers selbst. Über die Person des Buchprüfers entscheidet der Gewerbetreibende, der ihn mit der Buchprüfung beauftragt, nicht der zuwiderhandelnde Unternehmer. Demgemäß ist Auftraggeber der Buchprüfung und damit Vertragspartner des Prüfers jeweils der Gewerbetreibende selbst.

§ 11 Übergangsvorschrift

Von Verlegern oder Importeuren vertraglich festgesetzte Endpreise für Bücher, die zum 1. Oktober 2002 in Verkehr gebracht waren, gelten als Preise im Sinne von § 5 Abs. 1.

Übersicht

I. Gesetzgeberischer Zweck

Die unter dem alten Vertragssystem gebundenen Preise behalten auch nach Inkrafttreten des Gesetzes am 1. Oktober 2002 ihre Gültigkeit. Die Übergangsvorschrift dient der Vermeidung unnötiger Belastungen für die Marktteilnehmer durch das Inkrafttreten des Gesetzes und den damit verbundenen Wechsel von der vertraglichen Preisbindung auf freiwilliger Basis zum gesetzlichen Preisbindungszwang. Es wäre ein für den Buchhandel kaum zu bewerkstellender – und auch unnötiger – Aufwand, müssten zum 1. Oktober 2002 auch die Preise der bereits preisgebundenen Bücher neu festgesetzt und bekanntgemacht werden. Die Übergangsregelung entspricht § 10 des österreichischen Buchpreisbindungsgesetzes. Nicht geregelt hat der deutsche Gesetzgeber – ebenso wenig wie der österreichische – die Frage, wie es sich mit Büchern verhält, die zum Zeitpunkt des Inkrafttretens des neuen Gesetzes gar nicht preisgebunden waren, weil entweder der Verleger von der Möglichkeit der Preisbindung keinen Gebrauch gemacht oder die Preisbindung aufgehoben hatte. Ausweislich der Begründung zu § 11 dient die Übergangsvorschrift insgesamt dazu, im Wege einer pragmatischen Lösung die mit dem Übergang verbundenen Belastungen für den Buchhandel so gering wie möglich zu halten. Auch zu der somit nicht geregelten Frage der Behandlung bislang nicht preisgebundener Bücher sollten daher praktikable Regelungen gefunden werden (Rn. 5 ff.). 1

II. Vertraglich festgesetzte Preise

1. Endpreise

Soweit das Gesetz von „vertraglich“ festgesetzten Endpreisen spricht, ist dies nicht korrekt: Unter dem alten Vertragssystem setzte der Verleger einseitig die Preise fest, 2 nicht vertraglich. Die Händler waren lediglich auf Grund der vertraglichen Bindungen verpflichtet, diese einseitig festgesetzten Preise auch einzuhalten. Der Gesetzeswortlaut suggeriert, dass Verleger und Händler sich vertraglich auf bestimmte Preise hätten einigen müssen, was jedoch nicht der Fall ist. Die bislang vertraglich festgesetzten Preise werden zum Stichtag 1. Oktober 2002 gesetzlich gebunden. Damit ist zunächst der Endpreis des jeweiligen Buches gemeint, wie er insbesondere im Verzeichnis lieferbarer Bücher, aber auch entsprechend der jeweiligen Veröffentlichung im Börsenblatt, in Verlagsmitteilungen etc. bekanntgemacht wurde.

2. Sonderpreise

3 Die bislang festgesetzten Preise gelten dem Wortlaut nach als Preise nur i.S.v. § 5 Abs. 1. Diese Regelung bezieht sich somit zunächst nur auf den gebundenen Endpreis. Allerdings ergäbe es keinen Sinn, würden nicht auch die bislang von den Verlagen gebundenen Sonderpreise nach Abs. 4, also insbesondere Serienpreise, Mengenpreise und Subskriptionspreise sowie Sonderpreise für Institutionen und Abonnenten, ihre Gültigkeit behalten. Dementsprechend sind die Preise ab dem 1. Oktober 2002 so gebunden, wie sie auch zuvor festgesetzt waren, also inklusive der jeweils festgesetzten Sonderpreise. Eine Neufestsetzung des Preises ist jedoch dann zu veranlassen, wenn die bislang vertraglich gebundenen Preise unter der neuen gesetzlichen Regelung nicht mehr den – bislang ja nicht zu beachtenden – Anforderungen nach § 5 Abs. 2 und 3 entsprechen.

3. Vertragliche Festsetzung

4 Ab dem 1. Oktober 2002 gelten diejenigen Preise, die der Verlag zu diesem Stichtag vertraglich festgesetzt hatte. Die Bücher müssen aber bereits vor dem 1. Oktober auch in Verkehr gebracht worden sein. Für Bücher, die erst am 1. Oktober oder nach dem 1. Oktober in Verkehr ge-

bracht werden, müssen neue Preise festgesetzt und bekanntgemacht werden. Für bislang vertraglich gebundene Bücher spielt es keine Rolle, auf welche Weise der Verlag seine Preisbindung organisiert hat. Im Regelfall wird die Bindung durch Beteiligung am Sammelreversverfahren durchgeführt worden sein.

III. Bücher ohne Preisbindung

1. Bücher, die nie preisgebunden waren

Das Gesetz sieht eine wesentliche Zäsur vor: Bis zum 5
30. September 2002 gab es sowohl preisgebundene als auch nicht preisgebundene Bücher. Ab dem 1. Oktober 2002 bestimmt das Gesetz grundsätzlich für alle Bücher die Einbeziehung in die Preisbindung. § 5 Abs. 1 bestimmt, dass jeder Verleger oder Importeur verpflichtet ist, für die von ihm verbreiteten Bücher einen Endpreis festzusetzen. Dies bedeutet in der Konsequenz, dass auch für Bücher, die noch unter dem alten System ausgeliefert wurden, aber nie preisgebunden waren, ab 1. Oktober 2002 der Zwang zur Preisbindung greift. Verleger und Importeure, die für einzelne oder sämtliche von ihnen vertriebenen Bücher keine Preise festgelegt hatten, sind ab 1. Oktober 2002 hierzu verpflichtet. Dabei wird man im Sinne einer vom Gesetzgeber gewünschten praxisnahen Normauslegung annehmen können, dass – mangels anderweitiger Willenserklärungen der Verleger oder Importeure – die bislang gem. § 23 GWB unverbindlich empfohlenen Ladenpreise als diejenigen Preise gelten sollen, die ab dem 1. Oktober 2002 gebunden sind. Denn die unverbindlich empfohlenen Preise sind von den Verlagen ja gerade für das jeweilige Buch als angemessen empfohlen worden, ansonsten wäre ja die Empfehlung nach § 23 GWB missbräuchlich.

Hat der Verleger oder Importeur die Preise weder ge- 6
bunden noch unverbindlich empfohlen, so ist er zum

1. Oktober 2002 verpflichtet, die Preise für alle von ihm vertriebenen Bücher festzusetzen. Dies gilt auch dann, wenn Händler vor Inkrafttreten des Gesetzes Bücher erworben haben, die sie erst nach dem Stichtag verkaufen. Insbesondere größere Händler sollten nicht die Möglichkeit haben, durch eine umfangreiche Bevorratung von Büchern vor dem 1. Oktober für die Zeit danach Vorteile auf dem Markt zu erzielen, indem sie Bücher zu günstigeren Preisen Endabnehmern anbieten könnten, als dies kleineren Firmen möglich wäre, die zu solcher Bevorratung wirtschaftlich nicht in der Lage sind. In diesem Falle wären Wettbewerbsverzerrungen zu Lasten der kleineren Buchhändler zu befürchten, die das Gesetz gerade nicht will. Auch wäre es für niemanden zu kontrollieren, ob Bücher, die nach dem 1. Oktober unterhalb des gebundenen Ladenpreises verkauft werden, auch tatsächlich aus einer vor Inkrafttreten des Gesetzes erfolgten Lieferung stammen.

7 Unerheblich für die Pflicht zur Preisbindung ab dem 1. Oktober 2002 ist auch die 18-Monats-Regelung von § 8 Abs. 1. Der Pflicht zur Preisbindung unterliegen Verleger und Importeure somit auch hinsichtlich ihrer Bücher, die nie preisgebunden waren und die vor mehr als 18 Monaten ausgeliefert wurden. Der Verlag hat die Möglichkeit, die zunächst in die gesetzliche Preisbindung einbezogenen Titel dann durch ausdrückliche Erklärung aus der Preisbindung herauszunehmen. Dies ist dem Buchhandel bekanntzumachen, der selbst nicht in der Lage ist, festzustellen, für welche bisher nicht preisgebundenen Titel die 18-Monats-Frist überschritten ist. Damit gilt der Zwang zur Preisbindung grundsätzlich für alle Bücher, die bislang nicht preisgebunden waren ohne Rücksicht auf den Zeitpunkt ihres Erscheinens. Will ein Verleger solcher Bücher die ihm vom Gesetz eröffnete Möglichkeit, die Preisbindung aufzugeben, wahrnehmen, so muss er dies durch eine besondere Erklärung tun.

2. Bücher, deren Preisbindung aufgehoben wurde

Anders zu beurteilen ist die Situation, wenn vor Inkrafttreten des neuen Gesetzes die Preisbindung für ehemals preisgebundene Bücher aufgehoben wurde. Hiervon betroffen sind die vielen tausend Titel, die im modernen Antiquariat und in den Wühltischen der Buchhandlungen verramscht werden. Würden all diese Bücher ab dem 1. Oktober 2002 zwingend der Preisbindung unterliegen, so müssten die Verlage wiederum für Bücher Preise festsetzen, bezüglich derer sie die Preisbindung bereits aufgehoben hatten, nachdem feststand, dass sie zu eben diesen Preisen am Markt nicht mehr absetzbar waren. Auch entfiele für viele Händler die Kalkulationsgrundlage. Das kurzfristige Festsetzen eines Preises, um diesen dann notgedrungen sofort wieder aufzuheben, wäre ein überflüssiger Formalismus. Im Hinblick auf § 5 Abs. 1 stellt die Ungleichbehandlung von Büchern, die nie der Preisbindung unterlagen, und solchen, deren Preisbindung vor Inkrafttreten des Gesetzes aufgehoben wurde, nur auf den ersten Blick einen dogmatischen Bruch dar: Denn es sind ja die Bedürfnisse der Praxis ausschlaggebend und das gesetzgeberische Ziel, die Belastung der Marktteilnehmer durch die Umstellung auf das neue Gesetz möglichst gering zu halten. Auch soll grundsätzlich nur Gleiches gleich behandelt werden, Ungleiches ist einer ungleichen Behandlung zugänglich: Wer die Preisbindung für ein Buch aufgehoben hat, hat damit deutlich zu erkennen gegeben, dass er seine Bücher zwar grundsätzlich im Preis binden will, jedoch für diesen besonderen Fall das Buch zur Verramschung frei gibt. Man wird aber umgekehrt nicht sagen können, dass auch ein Verleger, der nie eine Preisbindung für ein Buch vorgenommen und durchgesetzt hat, der sich nun auf die neue Rechtslage einstellen muss, bereits definitiv zu Erkennen gegeben hätte, dass seine Bücher auch künftig möglichst keiner Preisbindung unterliegen sollen. Damit unterfallen diejenigen Bücher nicht mehr dem Preisbindungszwang, die vor Inkrafttreten des Gesetzes einmal ge- 8 bunden waren, deren Preisbindung jedoch vom Verlag oder Importeur wieder aufgehoben wurde.

3. Vertragsprobleme

9 Schwierig ist die rechtliche Situation, wenn ein Kaufvertrag zwischen einem Buchhändler und einem Endabnehmer über bisher preisfreie Bücher vor Inkrafttreten des Gesetzes zustande gekommen ist, die Bücher aber erst nach dem 1. Oktober 2002 übereignet werden, zu einem Zeitpunkt also, in dem sie gebunden sind. Der Buchhändler steht in diesem Fall da, wie der bemitleidenswerte Held in der griechischen Tragödie: Er muss sich zwischen zwei jeweils falschen Wegen entscheiden. Denn entweder bricht er den mit dem Kunden geschlossenen Vertrag – oder er verletzt das Preisbindungsgesetz. Letztlich geht jedoch die gesetzliche Verpflichtung zur Einhaltung des gebundenen Ladenpreises bei der Veräußerung der Bücher einer vertraglichen Verpflichtung gegenüber Letztabnehmern vor. Eine solche Situation ist daher ein Fall des Wegfalls der Geschäftsgrundlage, der zu einer Anpassung des Vertrages an die geänderten Verhältnisse führen muss. Der Buchhändler ist auf Grund der Gesetzeslage verpflichtet, die gebundenen Preise einzuhalten und eine Anpassung des Vertrages an den nunmehr gebundenen Preis zu verlangen (§ 313 Abs. 1 BGB). Dem Buchhändler ist nicht zuzumuten, einen Gesetzesverstoß zu begehen, nur um seinen vertraglichen Verpflichtungen nachzukommen. Um Konfliktfällen vorzubeugen, sollten Buchhändler bei Abschluss von Geschäften Preisbenennungen mit einem Änderungsvorbehalt versehen. Eine solche Vorbehaltsklausel ist auch mit § 308 Abs. 2 Nr. 4 BGB vereinbar, da sie die Interessen des Händlers wahrt und für den anderen Vertragsteil zumutbar ist.

2. Gesetz gegen Wettbewerbsbeschränkungen (§ 15 GWB n.F.)

§ 15 Preisbindung bei Zeitungen und Zeitschriften

(1) **§ 14 gilt nicht, soweit ein Unternehmen, das Zeitungen oder Zeitschriften herstellt, die Abnehmer dieser Erzeugnisse rechtlich oder wirtschaftlich bindet, bei der Weiterveräußerung bestimmte Preise zu vereinbaren oder ihren Abnehmern die gleiche Bindung bis zur Weiterveräußerung an den letzten Verbraucher aufzuerlegen. Zu Zeitungen und Zeitschriften zählen auch Produkte, die Zeitungen oder Zeitschriften reproduzieren oder substituieren und bei Würdigung der Gesamtumstände als überwiegend verlagstypisch anzusehen sind, sowie kombinierte Produkte, bei denen eine Zeitung oder Zeitschrift im Vordergrund steht.**

(2) **Vereinbarungen der in Absatz 1 bezeichneten Art sind, soweit sie Preise und Preisbestandteile betreffen, schriftlich abzufassen. Es genügt, wenn die Beteiligten Urkunden unterzeichnen, die auf eine Preisliste oder auf Preismitteilungen Bezug nehmen. § 126 Abs. 2 des Bürgerlichen Gesetzbuches findet keine Anwendung.**

(3) **Das Bundeskartellamt kann von Amts wegen oder auf Antrag eines gebundenen Abnehmers die Preisbindung für unwirksam erklären und die Anwendung einer neuen, gleichartigen Preisbindung verbieten, wenn**

1. die Preisbindung missbräuchlich gehandhabt wird oder

2. die Preisbindung oder ihre Verbindung mit anderen Wettbewerbsbeschränkungen geeignet ist, die gebundenen Waren zu verteuern oder ein Sinken ihrer Preise zu verhindern oder ihre Erzeugung oder ihren Absatz zu beschränken.

Übersicht

I. Gesetzgeberischer Zweck

1 Für Zeitungen und Zeitschriften verbleibt es bei der durch § 15 GWB gesetzlich erlaubten vertraglichen Preisbindung. Die Preisbindung für Verlagserzeugnisse basiert damit ab 1. Oktober 2002 auf zwei unterschiedlichen Regelungen: Bücher und buchnahe Produkte unterliegen dem Zwang zur Preisbindung nach dem Gesetz über die Preisbindung für Bücher. Zeitungen und Zeitschriften können nach § 15 Abs. 1 GWB im Preis gebunden werden. Die Verlage erhalten insoweit ein Privileg, von dem sie Gebrauch machen können, aber nicht müssen. Verlagserzeugnisse, die weder Bücher i.S.d. Buchpreisbindungsgesetzes noch Zeitungen oder Zeitschriften i.S.d. § 15

Abs. 1 GWB n.F. sind, können und dürfen nicht preisgebunden werden. Das Gesetz geht von der Erforderlichkeit aus, die Preisbindung bei Zeitungen und Zeitschriften zu ermöglichen, weil der Staat verpflichtet sei, die Pressefreiheit zu schützen. Zur Pressefreiheit zählt auch der Vertrieb von Presseprodukten (BVerfGE 77, 346, 354f.). Die Möglichkeit der Preisbindung für Zeitungen und Zeitschriften dient vorrangig dem Ziel, Zeitungen und Zeitschriften auch weiterhin überall erhältlich zu machen. Die in § 15 GWB eröffnete Möglichkeit, Preise für Zeitungen und Zeitschriften zu binden, ohne eine Rechtspflicht dazu anzuordnen, hat sich nach Auffassung des Gesetzgebers in der Praxis bewährt: Nahezu alle Zeitungs- und Publikumszeitschriften haben von der Möglichkeit einer Preisbindung Gebrauch gemacht und gewährleisten damit eine flächendeckende Versorgung der Bevölkerung mit Presseerzeugnissen. Die EU-Kommission stelle die Zulässigkeit der in § 15 GWB verankerten Erlaubnis zur Preisbindung für Zeitungen und Zeitschriften nicht in Frage (Begründung zu Art. 2 – Änderung des GWB). Da die EU-rechtliche Problematik, die für die Preisbindung von Büchern bestand, nach Auffassung des Gesetzgebers für Zeitungen und Zeitschriften nicht besteht, ist § 15 Abs. 1 S. 2 und 3 a.F. zur Sicherung der Preisbindung im grenzüberschreitenden Handels weggefallen.

II. Ausnahme vom Verbot des § 14 GWB (Abs. 1)

§ 14 GWB verbietet Vereinbarungen zwischen Unternehmen, soweit sie einen Beteiligten in der Freiheit der Gestaltung von Preisen beschränken, die er mit Dritten über die gelieferten Waren schließt. Von diesem Verbot sieht § 15 Abs. 1 eine Ausnahme für die Hersteller von Zeitungen und Zeitschriften vor. 2

1. Hersteller von Zeitungen und Zeitschriften

3 Die Preise für Zeitungen und Zeitschriften werden traditionell nach zwei verschiedenen Systemen gebunden: Die Publikumsverlage binden die Preise ihrer Druckschriften über das sog. Presse-Grosso (Einzelheiten vgl. Rn. 8). Die Verleger von Fachzeitschriften waren traditionell auch Verleger von Fachbüchern und als solche am Sammelrevers beteiligt. Die Preisbindungsverpflichtung der Buchhändler gegenüber den Fachverlagen bezog sich daher auch stets auf die gebundenen Preise der Fachzeitschriften. Allerdings haben auch eine Reihe von Verlagen auf eine Preisbindung ihrer Fachzeitschriften ganz verzichtet, insbesondere wenn sie auf internationalen Märkten vertrieben wurden. Die Möglichkeit der Nichtpreisbindung wollte man den betroffenen Verlagen auch nach der neuen Gesetzeslage belassen. Nach Inkrafttreten des neuen Gesetzes müssen sich die Verlage von Fachzeitschriften nun entscheiden, ob sie die Preise ihrer Zeitschriften künftig binden wollen oder nicht. Denjenigen Verlagen, die sich für eine Preisbindung entscheiden, steht weiterhin der Sammelrevers in einer entsprechend geänderten Fassung zur Verfügung. Dieser Sammelrevers ist nun auf die besonderen Regelungen für Fachzeitschriften zugeschnitten, enthält im Übrigen aber eine Vielzahl der bereits bekannten Regelungen (Verbot von Zugaben, Vereinbarung einer Konventionalstrafe etc.).

2. Reproduktionen und Substitutionen

4 Die Verlage können auch Produkte im Preis binden, die ihrerseits keine selbstständigen Zeitungen oder Zeitschriften sind, aber solche reproduzieren oder substituieren (Abs. 1 S. 2). Hierzu zählen insbesondere verkleinerte Wiedergaben wie Mikrofilm und Mikrofiche, aber auch Zeitschriften auf modernen Datenträgern wie CD-ROM (BGH NJW 1997, 1911 ff. – NJW auf CD-ROM). Im Falle der Substitution kommt es für die Möglichkeit der

Preisbindung darauf an, ob ein Produkt nach seiner Eigenart dazu bestimmt ist, Zeitungen oder Zeitschriften zu ersetzen. Der Wortlaut ist insoweit § 2 Abs. 1 Nr. 3 BuchPrG nachgebildet. Entscheidend ist auch hier, ob das neue technische Produkt grundsätzlich geeignet ist, die auf ein herkömmliches, gedrucktes Erzeugnis gerichtete Nachfrage ganz oder teilweise zu befriedigen. Ein Produkt ist dann als Substitut einer Zeitung oder Zeitschrift preisbindungsfähig, wenn es Lesestoff enthält, welcher dem Benutzer typischerweise in herkömmlichen Zeitungen oder Zeitschriften zur Verfügung steht. Auch bei Presseerzeugnissen ist die Schrift, die Lesbarkeit oder Bildhaftigkeit des neuen Produktes unverzichtbar (*Fezer,* WRP 1994, 669, 676). Dabei reicht es auch hier aus, dass die substituierende Wirkung eines Produkts nach dessen Eigenart zu bejahen ist: Es bedarf somit keines bereits vorab erschienenen, gedruckten Äquivalents der Zeitung oder Zeitschrift. Voraussetzung ist lediglich, dass das substituierende Produkt ein Erzeugnis darstellt, das auch als Zeitung oder Zeitschrift vorstellbar wäre. Ob eine solche Zeitung oder Zeitschrift tatsächlich auch in herkömmlicher Form existiert, ist hingegen nicht von Bedeutung. Viele Fachzeitschriften erscheinen nicht mehr in gedruckten Ausgaben. Die digital verfügbaren Ausgaben ersetzen somit gar nicht vorhandene Druckausgaben, sind aber dennoch geeignet, die insoweit bestehende Nachfrage zu befriedigen. Der Preisbindung unterliegen somit insbesondere textorientierte CD-ROM, die aber durchaus auch über Datenbanken und Suchfunktionen verfügen können (BGH NJW 1997, 1911, 1913 – NJW auf CD-ROM). Multimediale Inhalte nehmen dem Produkt die Bindungsfähigkeit, wenn die multimedialen Faktoren im Verhältnis zum Text mehr als eine untergeordnete, veranschaulichende, die Wahrnehmung erleichternde oder sonstwie dienende Funktion haben. Der Preisbindung können nur solche Zeitungen oder Zeitschriften unterliegen, die bei Würdigung der Gesamtumstände als überwiegend verlagstypisch anzusehen sind. Es muss sich somit um Produkte handeln, die entweder üblicherweise von Zeitungs- oder Zeitschriftenverlagen hergestellt werden oder die ihrer Eigenart nach typischerweise über den Zeitungs-, Zeitschriften- oder Buchmarkt vertrieben werden. Bei neuen Produkten tritt indes die Bedeutung des Vertriebsweges zurück, da zu Anfang nicht absehbar ist, über welche Vertriebswege solche Produkte in erster Linie abgesetzt werden.

3. Kombinierte Produkte

5 Nach § 15 Abs. 1 S. 2 GWB n.F. können auch kombinierte Produkte preisgebunden werden, bei denen eine Zeitung oder Zeitschrift im Vordergrund steht. Notwendig ist, dass das Kombinationsangebot eine Funktionseinheit darstellt (*Fezer,* WRP 1994, 669, 676). Dabei muss die Nebensache im Verhältnis zur Zeitung oder Zeitschrift eine dienende Funktion haben. Nicht preisbindungsfähig sind hingegen kombinierte Produkte, bei denen die bindungsfähige Druckschrift im Hinblick auf ihren Wert oder Informationsgehalt eine eher untergeordnete Funktion hat. Voraussetzung für die Bindungsfähigkeit ist also stets, dass die beigefügte Nebensache die Hauptsache mit einem zusätzlichen Informationsgehalt versieht und damit ergänzt oder veranschaulicht (*Mann,* WRP 1997, 1139, 1142; *Emmerich,* IM § 15 Rn. 10; OLG München AfP 1996, 79; a.A.: *Klosterfelde/Metzlaff,* LB § 15 Rn. 20). Ein kombiniertes Objekt liegt grundsätzlich nur dann vor, wenn ein preisbindungsfähiges Presseerzeugnis mit einer anderen Ware zusammengefügt und zu einem Gesamtpreis angeboten wird. Hiervon ist der Verkauf eines preisgebundenen Erzeugnisses zu unterscheiden, dem lediglich als Verkaufshilfe eine andere Ware kostenlos beigefügt wird.

4. Rechtliche und wirtschaftliche Bindung

6 Die Preisbindung kann nur durch Vertrag begründet werden, da es sich bei der rechtlichen wie bei der wirtschaftlichen Bindung um vertragliche Bindungen der Abnehmer handelt. Eine rechtliche Bindung liegt vor, wenn

der gebundene Vertragspartner durch den Vertrag verpflichtet wird, im Vertrag mit Letztabnehmern bestimmte Preise oder Konditionen zu vereinbaren. Entscheidend ist, dass der berechtigte Teil einen vertraglichen Anspruch auf Beachtung der Bindungen bei Abschluss des Zweitvertrages hat, so dass er bei Verstößen hiergegen Erfüllung oder Schadensersatz verlangen kann (*Emmerich*, IM § 14 Rn. 14). Eine wirtschaftliche Bindung liegt vor, wenn der gebundene Vertragsteil zwar in der inhaltlichen Gestaltung des Zweitvertrages im Rechtssinne frei ist, sich aus dem Vertrag aber Bindungen ergeben, die den Gebrauch dieser Freiheit mit bestimmten wirtschaftlichen Vor- oder Nachteilen verknüpfen (BGHZ 80, 43, 49). Die Grenze zwischen den beiden Bindungsformen ist fließend, praktische Bedeutung hat der Streit indes nicht: Zum einen werden beide Bindungsformen gleich behandelt, zum anderen kommt in der Praxis regelmäßig nur die rechtliche Form der Preisbindung für Presseerzeugnisse vor.

5. Lückenlosigkeit der Preisbindung

Der feste Ladenpreis für Zeitungen und Zeitschriften 7
hat – wie auch nach § 15 GWB a. F. – nur solange Bestand, wie er überall eingehalten wird. Deshalb muss die Preisbindung stets lückenlos durchgeführt werden: Ausnahmslos alle Wiederverkäufer sind zu binden, das System muss konsequent durchdacht sein und darf nicht schon nach der Konstruktion an irgendeiner Stelle eine Lücke aufweisen (gedankliche Lückenlosigkeit). Das wäre z. B. der Fall, wenn die Wiederverkäufer nicht verpflichtet würden, ihre Bindung bei Lieferung an andere, noch nicht generell gebundene Händler weiterzugeben, mithin sie diesen Händlern ebenfalls aufzuerlegen. Die Wiederverkäufer müssen daraufhin überwacht werden, dass sie sich an ihre Verpflichtungen halten, die Verlage müssen gegen Verstöße einschreiten (praktische Lückenlosigkeit) andernfalls bricht die Preisbindung zusammen, wirtschaftlich und auch rechtlich. Denn ein Händler ist rechtlich nur solange

zur Einhaltung der Preisbindung verpflichtet, als sichergestellt ist, dass alle seine Wettbewerber den Ladenpreis respektieren. Es wäre ihm nicht zuzumuten, von seinen Kunden den festgesetzten höheren Preis zu fordern, wenn der benachbarte Händler die gleiche Zeitung oder Zeitschrift zu einem niedrigeren Preis abgibt. Lückenlosigkeit ist also die Pflicht des nach § 15 Abs. 1 GWB bindenden Verlages. Lückenlosigkeit bedeutet aber nicht Unabänderbarkeit des Ladenpreises. Der Verleger kann den Preis ermäßigen, aber auch erhöhen. Daher erfolgt die Bindung auf die „jeweils gültigen" Preise. Auch und gerade der Verlag ist an die festgesetzten Ladenpreise gebunden. Er würde gegen Treu und Glauben verstoßen und die Lückenlosigkeit gefährden, wenn er bei Direktverkäufen an letzte Verbraucher zu niedrigeren als den gebundenen Preisen verkaufen würde. Ausnahmen gelten nur, soweit auch der Händler Nachlässe gewähren darf (*Franzen*, Rn. 73).

III. Presse-Grosso

8 Auch im Bereich der Publikumszeitungen und -zeitschriften hat der Verlag die Möglichkeit, durch direkte Verträge mit den Einzelhändlern diese zu verpflichten, die vom Verlag gebundenen Preise den Endkunden zu berechnen. Abgesehen vom Zeitschriftenverkauf im Rahmen des Bahnhofsbuchhandels erfolgt der Vertrieb an den Presseeinzelhandel jedoch ausschließlich über den Pressegroßhandel, das sog. Presse-Grosso. Für die meisten Regionen in Deutschland gibt es jeweils nur einen Presse-Großhändler, der als Monopolist für sein Vertriebsgebiet allein zuständig ist. Insgesamt wird etwa ein Drittel der in Deutschland verlegten Zeitungen und Zeitschriften über das Presse-Grosso vertrieben. Alternative Vertriebswege sind der Bahnhofsbuchhandel, der werbende Buch- und Zeitschriftenhandel, das Verlagsabonnement und die Lesezirkel (*Kloepfer*, S. 13). Auch bei der Preisbindung über das Presse-Grosso legt der Verlag für jedes Produkt einen

Endverkaufspreis fest. Der Grossist ist dann auf Grund des Grosso-Vertrages verpflichtet, bei Abschluss seiner Verträge mit dem Presseeinzelhandel diesen wiederum zu verpflichten, den gebundenen Endverkaufspreis einzuhalten. Der Verleger hat das Dispositionsrecht, er bestimmt Art und Menge der an den Grossisten gelieferten Waren. Dem steht das Recht des Einzelhändlers gegenüber, unverkauft gebliebene Exemplare im Wege der körperlichen oder körperlosen Remission vom Verlag wieder zurücknehmen zu lassen (*Kloepfer*, S. 14f.).

IV. Fachzeitschriften

Fachzeitschriften sind Zeitschriften mit belehrendem **9**
Inhalt. Sie beschränken sich stofflich auf ein bestimmtes, meist im Titel bezeichnetes Gebiet. Im Gegensatz zu den „special-interest"-Publikumszeitschriften zählen hierzu jedoch nur solche Publikationen, die sich im Wesentlichen an die Angehörigen eines bestimmten Berufes wenden. Die Bindung der Preise für Fachzeitschriften erfolgte bislang im Wesentlichen über den Sammelrevers. Dieser wird in entsprechend abgeänderter Form für Fachzeitschriften weitergeführt. Die allgemeinen Regelungen zur Preisbindung bleiben dabei erhalten. Insoweit kann auf die einschlägige Kommentierung – insbesondere bei *Franzen* – verwiesen werden.

1. Bindung durch Sammelrevers

Zur Überwindung der organisatorischen Hürden – ins- **10**
besondere des Schriftformerfordernisses nach § 15 Abs. 2 GWB sowie der Einbeziehung neuer Verlage und Händler – wird sich die Preisbindung derjenigen Verlage, die sie für ihre Fachzeitschriften durchführen, auch künftig nach einem eigens hierauf zugeschnittenen Sammelrevers vollziehen. Zur Gewährleistung einer lückenlosen und effektiven Preisbindung verpflichtet sich der einzelne Händler gegen-

über den in einer beigefügten Verleger-Liste aufgeführten Verlagen, die Endabnehmerpreise der Zeitschriften allen Kunden in Deutschland in Euro zu berechnen. Die Preisbindung darf auch nicht indirekt verletzt werden, etwa durch Zugaben, Freiexemplare und Boni, auch nicht durch sonstige Umgehungsformen, wie z.B. Umsatzprämien oder Gewinnbeteiligungen, soweit diese von den mit den Kunden getätigten Umsätzen für preisgebundene Zeitschriften abhängen. Die Preise dürfen auch nicht überschritten werden, jedoch können außergewöhnliche Auslagen, z.B. bei Eilbestellungen oder Versand an den Kunden, berechnet werden.

11 Die Verlage schalten einen Treuhänder ein, der ihre Preisbindung organisiert und überwacht. Sie beauftragen den Treuhänder, in ihrem Namen Preisbindungsverträge mit neu hinzukommenden Händlern abzuschließen. Die Händler ihrerseits beauftragen einen Bevollmächtigten, für sie die Annahme der Preisbindung durch einen neu dem Revers hinzukommenden Verlag einzuhalten. Insoweit werden auch die traditionell im Fachzeitschriftenhandel gebräuchlichen Sonderpreise weitergeführt.

2. Sonderpreise

12 **a) Ermäßigte Preise für Zeitschriften.** Der Verlag kann ermäßigte Preise für Zeitschriften festsetzen, die zur Ausbildung oder zur Ausübung der beruflichen oder gewerblichen Tätigkeit benötigt werden, wenn der Bezieher sich in der Ausbildung befindet oder noch kein volles Gehalt bezieht oder Mitglied eines Fachvereins ist. Der Nachlass und der Kreis der Berechtigten müssen in der Zeitschrift bekanntgegeben werden. Die Höhe dieses Nachlasses darf im Regelfall 20% nicht übersteigen, da der Verlag sonst riskiert, dass seine Preisbindung vom Bundeskartellamt i.S.v. Absatz 3 Ziff. 1 als missbräuchlich eingestuft und untersagt wird. Der Kreis der aufgezählten Personen ist abschließend. Jede Erweiterung über das Staatsexamen und die Meisterprüfung hinaus ist mit der Preisbindung

unvereinbar, so etwa die Begünstigung von Assistenzärzten. Wer den Nachlass gewährt, ist verpflichtet, die Rechtmäßigkeit der Begünstigung im Einzelfall zu kontrollieren.

b) Sonderveröffentlichungen. Die Veröffentlichung muss von der Redaktion der Zeitschrift als solcher herausgebracht werden und sowohl inhaltlich als auch formell, z.B. durch Hinweise auf dem Titelblatt, im Zusammenhang mit der Zeitschrift stehen. Sie sollte als eine Zusatzleistung der Redaktion für ihre Abonnenten angesehen werden können. Eine willkürliche Koppelung zur Vertriebsförderung genügt nicht. Insbesondere werden Gutscheine an Abonnenten zum verbilligten Bezug der Bücher des gleichen Verlages nicht von der Ausnahmeregelung gedeckt (*Franzen*, Rn. 142). **13**

c) Sonderpreise für Körperschaften. Abgedeckt wird nur der Verkauf an die Körperschaft selbst zu deren Eigenbedarf oder zur kostenlosen Weitergabe an Mitglieder. Andernfalls müsste es im Reverstext heißen: „... für Mitglieder von Körperschaften". Somit handelt es sich um einen Sonderfall des Mengennachlasses. Der Nachlass wird gegen den Wortlaut des Sammelreverses häufig auch für Mitglieder praktiziert. Hier besteht die Gefahr einer unzulässigen Zweigleisigkeit im Vertrieb. Der Kreis der Begünstigten sollte daher möglichst klein gehalten werden. Wenn überhaupt, könnte ein Sonderpreis für die Mitglieder nur bei strenger Abgrenzung eines kleineren Mitgliederkreises und bei hohen Anforderungen an die Tatbestandsvoraussetzungen (Vertragsverhältnis, ausschlaggebende Mitwirkung) gerechtfertigt sein. Werbung und Mitwirkung beim Vertrieb genügen keinesfalls, auch nicht für sich allein die Autorenschaft eines Mitglieds der Körperschaft. Körperschaft ist immer das einzelne Institut, nicht etwa die ganze Universität, das einzelne Amt, nicht etwa alle Behörden des Landes, das einzelne Unternehmen, nicht etwa der ganze Konzern (*Franzen*, Rn. 144). **14**

15 **d) Package-Angebote.** Solche Kombi-Abonnements sind nur zulässig, wenn zwischen den beiden Zeitschriften ein enger thematischer, fachlicher, möglichst auch formaler Zusammenhang besteht, so dass man sie in Analogie zum traditionellen Serienpreis für Bücher rechtfertigen könnte. Da für eine preisgebundene Fachzeitschrift nur ein Preis festgesetzt werden darf, müssen zwei Fachzeitschriften auch getrennt berechnet werden, es sei denn, dass eine buchhändlerisch tradierte Ausnahme vorliegt, wie im Fall des Serienpreises. Die Koppelung von preisgebundenen und nicht preisgebundenen Zeitschriften durch den Handel ist unzulässig. Denn die Preisbindung fordert Einzelberechnung. Unzulässig ist insbesondere die Umgehung durch gleichzeitige und gekoppelte außergewöhnliche Nachlässe für die nicht preisgebundene Zeitschrift (*Franzen*, Rn. 94.4).

16 **e) Einführungsabonnements.** Bedenklich sind verbilligte Einführungsabonnements z.B. für ein Jahr oder ein Vierteljahr, weil auf diese Weise zu gleicher Zeit ungleiche Preise für die Zeitschrift praktiziert werden. Bedenklich ist auch die Gratisbelieferung für ein Vierteljahr nach uneingeschränkter Bestellung, weil das eine Umgehung der Unzulässigkeit ist. Denn diese Form kommt einer Preisherabsetzung um 25% für ein Jahr gleich. Zulässig ist hingegen die unverbindliche Übersendung von Werbenummern, Vorbestellungen und wohl auch die Zugabe alter Nummern nach Bestellung.

17 **f) Abonnementpreis und Einzelpreis.** Der Abonnementpreis kann unter der Summe der Einzelpreise liegen, jedoch nicht mehr als 15% (BKartATB 1987/88, BT-Drucks. 11/4611, S. 94). Je häufiger die Zeitschrift erscheint, umso eher ist die Vergünstigung für das Jahres-Abo zu rechtfertigen (*Franzen*, Rn. 94.6).

3. Ausnahmen von der Preisbindung

Von der Preisbindung ausgenommen ist die Lieferung 18
zum Eigenbedarf an

- selbstständige herstellende und verbreitende Buchhändler, sofern sie reversgebunden sind;
- angestellte und feste Mitarbeiter von buchhändlerischen Betrieben und buchhändlerischen Abteilungen gemischter Betriebe, sofern der Abnehmer schriftlich oder durch Betriebsordnung verpflichtet wird, die Fachzeitschriften nicht (auch nicht gefälligkeitshalber) weiterzuveräußern.

Die Regelung bedeutet, dass der herstellende und verbreitende Buchhandel in diesen Fällen in der Preisberechnung frei sind. Die Ausnahme von der Preisbindung entspricht den Traditionen des Buchhandels und den praktischen Bedürfnissen. Kaum jemand könnte kontrollieren, ob ein Händler eine Zeitschrift zum Wiederverkauf oder zum Eigenbedarf bestellt. Dem engeren Mitarbeiterkreis kann ein Unternehmen die eigene Verdienstspanne nicht abverlangen. Die Ausnahmen sind eng auszulegen, weil eine weitere Ausdehnung einen umfangreichen „Beziehungshandel" entstehen lassen würde, der die Lückenlosigkeit der Preisbindung gefährdete (*Franzen*, Rn. 155).

4. Grenzüberschreitende und sonstige Verträge

Der Händler verpflichtet sich gegenüber dem Verlag 19
auch dann zur Einhaltung des gebundenen Preises, wenn er die Zeitschrift von dritter Seite, oder von einem anderen Händler bezieht. Davon ausgenommen sind Lieferungen aus Mitgliedsstaaten der EU. Aus einem solchen Mitgliedsstaat reimportierte deutsche Fachzeitschriften sind von der Preisbindung nur dann erfasst, wenn sich aus objektiven Umständen ergibt, dass diese Fachzeitschriften allein zum Zwecke ihrer Wiedereinfuhr ausgeführt worden sind, um die Preisbindung zu umgehen. Hinsichtlich

der Frage, wann ein Umgehungstatbestand vorliegt, vgl. § 4 Rn. 2 ff. Sinn dieser Regelung ist es, eine Beeinträchtigung des Handels zwischen Mitgliedsstaaten i. S. d. Art. 81 EG-Vertrag durch den Sammelrevers auszuschließen. Die Regelung ist entsprechend diesem Zweck auszulegen. Wer als Händler oder Zwischenbuchhändler preisgebundene Fachzeitschriften an inländische Wiederverkäufer veräußert, ist verpflichtet, zuvor zu prüfen, ob der betreffende Händler bereits gebunden ist. Ist er nicht gebunden, muss er durch den ihn beliefernden Händler durch einen Einzelrevers gebunden werden. Wiederverkäufer, die außerhalb von Deutschland beliefert werden, müssen ebenfalls zur Verhinderung der Umgehung einer lückenlosen Preisbindung schriftlich für den Fall gebunden werden, dass sie nach Deutschland reimportieren, sofern sie keinem EWR-Vertragsstaat angehören.

5. Vermittlungsprovisionen

20 Der Händler verpflichtet sich weiterhin gegenüber dem Verlag, bei der Gewährung von Vermittlungsprovisionen sicherzustellen, dass diese nicht, auch nicht teilweise, an Endabnehmer weitergegeben werden. Nicht gewerbsmäßige Vermittler dürfen keine Vermittlungsprovision erhalten.

6. Konventionalstrafe

21 Auch verpflichtet sich der Händler zur Zahlung einer Konventionalstrafe für jeden Fall des vorsätzlichen oder fahrlässigen Anbietens oder Gewährens unzulässiger Nachlässe. Die Vertragsstrafe hat die Höhe des Rechnungsbetrages des angestrebten oder vollzogenen Geschäfts. Sie beträgt zumindest € 1500,00 für den ersten Verstoß sowie € 2500,00 für jeden weiteren Verstoß und € 5000,00 für unzulässige Nachlassangebote an eine Mehrzahl von Abnehmern. Gleiches gilt bei Überschreitung des Ladenpreises. Der Betrag ist im Regelfall an das Sozialwerk des Deutschen Buchhandels oder an eine vom Preisbindungstreuhänder der Fachzeitschriftenverlage zu bestimmende soziale gemeinnützige Einrichtung des deutschen Buchhandels zu zahlen. Der Verlag ist weiterhin berechtigt, neben oder an Stelle der Geltendmachung der Vertragsstrafe Lieferungen einzustellen. Umgekehrt verpflichtet sich der Verlag gegenüber den Händlern zur Zahlung einer Konventionalstrafe für den Fall, dass er seinerseits seine gebundenen Preise unterbietet oder die Unterbietung durch Dritte veranlasst. Er übernimmt dabei die Verpflichtung zur Zahlung einer Konventionalstrafe in gleicher Höhe wie der Händler.

7. Buchprüfung

Der Händler verpflichtet sich schließlich, einem verei- **22**
digten Buchprüfer Einblick in seine Bücher einschließlich der Geschäftsunterlagen zu geben, wenn die begründete Vermutung besteht, dass er gegen die Preisbindung verstößt. Im Gegensatz zu § 10 Abs. 1 BuchPrG kann nur ein vereidigter Buchprüfer die Prüfung vornehmen. Dieser wird vom Preisbindungstreuhänder der Fachzeitschriftenverlage ausgewählt. Eine begründete Vermutung liegt vor, wenn Tatsachen nachweisbar sind, die bei lebensnaher Betrachtung auf einen Preisbindungsverstoß schließen lassen. Zwischenbuchhändler verpflichten sich dazu, auch ohne Anlass einem Buchprüfer offenzulegen, dass sie nur reversgebundene Firmen beliefern. Der Bericht des Buchprüfers darf sich lediglich auf preisbindungserhebliche Tatsachen beschränken, er muss im übrigen Stillschweigen bewahren. Die Kosten der Bucheinsicht trägt der Verletzer, wenn die Zweifel an seiner Preisbindungstreue von ihm selbst verschuldet oder schuldhaft nicht ausgeräumt worden sind oder wenn Verstöße festgestellt wurden.

V. Schriftform (Abs. 2)

23 Die Regelung entspricht § 34 GWB a.F. Nicht übernommen wurde jedoch der zu § 34 a.F. entwickelte Grundsatz, dass der gesamte Vertragsinhalt schriftlich abzufassen sei, auch soweit er kartellrechtlich nicht relevant ist. Die Vertragsurkunde muss von den Parteien eigenhändig durch Namensunterschrift oder mittels notariell beglaubigten Handzeichens unterzeichnet werden (§ 126 Abs. 1 BGB). § 126 Abs. 2 BGB wird für nicht anwendbar erklärt: Daraus folgt, dass die Vertragsparteien nicht auf derselben Urkunde unterzeichnen oder jeweils von ihnen unterzeichnete, gleich lautende Urkunden austauschen müssen. Der schriftliche Preisbindungsvertrag kann sich somit auch aus einem Briefwechsel der Vertragsparteien ergeben. Eine fotokopierte Unterschrift genügt jedoch ebenso wenig wie die Übermittlung per Fernschreiben oder Telefax. Die Erklärung muss dem Vertragspartner nicht persönlich zugehen, es reicht die Hinterlegung bei dessen Treuhänder (OLG Stuttgart WuW/E OLG 1156; *Klosterfeld/Metzlaff*, LB § 15 Rn. 70). Das traditionelle Sammelreverssystem des deutschen Buchhandels genügt dem Schriftformerfordernis des Absatzes 2. Die Bezugnahme auf Verlagsverzeichnisse und Preislisten im Revers ist mit Abs. 2 S. 2 vereinbar (*Bechthold*, § 15 Rn. 14).

VI. Aufhebung der Preisbindung (Abs. 3)

24 Das Bundeskartellamt kann im Wege der Missbrauchsaufsicht nach § 15 Abs. 3 GWB die Preisbindung eines Verlages oder diejenige für nur ein einzelnes Presseerzeugnis für unwirksam erklären. § 15 Abs. 3 GWB entspricht § 17 GWB a.F. Die in § 17 Abs. 1 Nr. 2 a.F. enthaltene Voraussetzung, wonach die Preisbindung nur dann verboten werden konnte, wenn sie geeignet war, „in

einer durch die gesamtwirtschaftlichen Verhältnisse nicht gerechtfertigten Weise“ die gebundenen Verlagserzeugnisse zu verteuern, wurde gestrichen.

1. Missbräuchliche Handhabung der Preisbindung

Der wichtigste Fall des Missbrauchs ist die Praktizie- 25
rung einer lückenhaften Preisbindung. Diese kann sich etwa ergeben, wenn das Schriftformerfordernis des Absatzes 2 nicht konsequent eingehalten wird oder der preisbindende Verlag seine Preisbindung selbst unterläuft. Auch der unzulässige zweigleisige Vertrieb fällt hierunter, ebenso der Fall, dass ein Verlag seine Preisbindung nicht überwacht und Verstöße toleriert. Eine missbräuchliche Handhabung kann auch in Verstößen gegen das Diskriminierungsverbot des § 20 Abs. 1 GWB liegen, dem der Preisbinder unterliegt. Ein Verstoß liegt etwa vor, wenn der Preisbinder ohne sachlich gerechtfertigten Grund einzelne Händler von der Belieferung ausschließt oder sie zu anderen Konditionen beliefert als gleichartige Unternehmen.

2. Missbrauch durch Verteuerungseignung

Das Bundeskartellamt kann die Preisbindung auch dann 26
für unwirksam erklären, wenn sie verteuernd wirkt oder das sinken der Preise verhindert, wenn also der hypothetische Marktpreis – der Preis, der im freien Spiel der Marktkräfte ohne Preisbindung zustande kommen würde – wesentlich überschritten wird. Das kann der Fall sein, wenn beim gleichen Verlagserzeugnis der für den deutschen Markt gebundene Preis erheblich über dem für den Markt eines anderen EU-Mitgliedsstaates empfohlenen Preis liegt. Es ist jedoch zu berücksichtigen, dass der einheitliche Ladenpreis auf einer durchschnittlichen Kalkulation beruht. Die Tatsache, dass dieser Durchschnittspreis bei bestimmten Gruppen von Geschäften nicht mit dem hypothetischen Marktpreis übereinstimmt, muss außer Be-

tracht bleiben. Die Preisbindung wird also nicht allein schon dadurch missbräuchlich, dass sie für einzelne Gruppen von Geschäften das Sinken der Preise verhindert. Die Abgrenzung zwischen den beiden Tatbeständen – missbräuchliche Handhabung und Verteuerungswirkung – ist fließend (*Franzen,* Rn. 71).

3. Anhang

I. Bundesgesetz über die Preisbindung bei Büchern (Österreich)

§ 1 Anwendungsbereich

Dieses Bundesgesetz gilt für den Verlag und den Import sowie den Handel, mit Ausnahme des grenzüberschreitenden elektronischen Handels, mit deutschsprachigen Büchern und Musikalien. Es zielt auf eine Preisgestaltung ab, die auf die Stellung von Büchern als Kulturgut, die Interessen der Konsumenten an angemessenen Buchpreisen und die betriebswirtschaftlichen Gegebenheiten des Buchhandels Bedacht nimmt.

§ 2 Begriffsbestimmungen

Im Sinne dieses Bundesgesetzes ist

1. Verleger, wer die Herausgabe, das Herstellen und das Verbreiten einer Ware im Sinne des § 1 gewerbsmäßig übernimmt;
2. Importeur, wer eine Ware im Sinne des § 1 gewerbsmäßig zum Vertrieb nach Österreich einführt;
3. Letztverkäufer, wer gewerbsmäßig Waren im Sinne des § 1 an Letztverbraucher veräußert;
4. Letztverbraucher, wer eine Ware im Sinne des § 1 zu anderen Zwecken als zum Weiterverkauf erwirbt:
5. Letztverkaufspreis, der bei der Veräußerung von Waren im Sinne des § 1 an Letztverbraucher einzuhaltende Mindestpreis exklusive Umsatzsteuer;
6. Mängelexemplar, eine Ware im Sinne des § 1, die versehentlich verschmutzt oder beschädigt worden ist oder einen sonstigen Mangel aufweist, sodass sie von einem durchschnittlichen Letztverbraucher eindeutig nicht mehr als mängelfrei angesehen wird.

§ 3 Preisfestsetzung

(1) Der Verleger oder Importeur einer Ware im Sinne des § 1 ist verpflichtet, für die von ihm verlegten oder die von ihm in das

Bundesgebiet importierten Waren im Sinne des § 1 einen Letztverkaufspreis festzusetzen und diesen bekannt zu machen.

(2) Der Importeur darf den vom Verleger für den Verlagsstaat festgesetzten oder empfohlenen Letztverkaufspreis oder den von einem Verleger mit Sitz außerhilb eines Vertragsstaates des Abkommens über den Europäischen Wirtschaftsraum (EWR) für das Bundesgebiet empfohlenen Letztverkaufspreis, abzüglich einer darin enthaltenen Umsatzsteuer nicht unterschreiten.

(3) Ein Importeur, der Waren im Sinne des § 1 in einem Vertragsstaat des Abkommens über den Europäischen Wirtschaftsraum (EWR) zu einem von den üblichen Einkaufspreisen abweichenden niedrigeren Einkaufspreis kauft, kann entgegen Abs. 2 den vom Verleger für den Verlagsstaat festgesetzten oder empfohlenen Preis, im Fall von Reimporten den vom inländischen Verleger festgesetzten Preis, im Verhältnis zum erzielten Handelsvorteil unterschreiten.

(4) Auf reimportierte Waren im Sinne des § 1 findet Abs. 3 keine Anwendung, wenn diese allein zum Zwecke ihrer Wiedereinfuhr ausgeführt worden sind, um dieses Bundesgesetz zu umgehen.

(5) Zum nach Abs. 1 bis 4 festgesetzten Letztverkaufspreis ist die für die Ware im Sinne des § 1 in Österreich geltende Umsatzsteuer hinzuzurechnen.

§ 4 Bekanntmachung des Letztverkaufspreises

(1) Der Verleger oder der Importeur hat den von ihm für eine Ware im Sinne des § 1 festgesetzten Letztverkaufspreis im Internet oder in geeigneten anderen Medien rechtzeitig vor dem ersten Inverkehrbringen oder vor jeder Preisänderung bekannt zu machen.

(2) Für die Bekanntmachung nach Abs. 1 ist vom Bundesgremium der Buch- und Medienwirtschaft in Zusammenarbeit mit dem Hauptverband des österreichischen Buchhandels eine elektronisch jederzeit zugängliche Internetseite zu unterhalten.

§ 5 Preisbindung

(1) Letztverkäufer dürfen bei Veräußerung von Waren im Sinne des § 1 an Letztverbraucher den nach § 3 festgesetzten Letztverkaufspreis höchstens bis zu 5 vH unterschreiten.

(2) Letztverkäufer dürfen im geschäftlichen Verkehr zu Zwecken des Wettbewerbs eine Unterschreitung des Letztverkaufspreises im Sinne des Abs. 1 nicht ankündigen.

(3) Die Verpflichtung nach Abs. 1 gilt nicht für Waren im Sinne des § 1, deren Letztverkaufspreis vor mehr als 24 Monaten zum ersten Mal gemäß § 4 bekannt gemacht wurde und deren Lieferzeitpunkt länger als sechs Monate zurückliegt.

4) Das Vorliegen der Voraussetzungen nach Abs. 3 ist vom Letztverkäufer nachzuweisen.

§ 6 Ausnahmen

(1) In folgenden Fällen und in folgendem Umfang darf der Letztverkäufer von dem nach § 3 festgesetzten Letztverkaufspreis abweichen:

1. bei Verkauf von Waren im Sinne des § 1 an jedermann zugängliche öffentliche Bibliotheken und Schulbibliotheken ist ein Abweichen von maximal 10 vH zulässig;
2. bei Verkauf an Hörer eines an einer Universität Vortragenden zum Eigenbedarf, gegen Vorlage eines vom Vortragenden unterschriebenen und mit dem Namen des Hörers versehenen Hörerscheins, ist ein Abweichen von maximal 20 vH zulässig;
3. bei Verkauf von Mängelexemplaren ist ein handelsübliches Abweichen im Verhältnis zum Mangel zulässig.

(2) Dieses Bundesgesetz gilt nicht für Waren im Sinne des § 1, die im Rahmen der Schulbuchaktion (Abschnitt Ic Familienlastenausgleichsgesetz 1967, BGBl. Nr. 376, in der jeweils geltenden Fassung) abgegeben werden.

§ 7 Handlungen gegen die Preisfestsetzung und Preisbindung

(1) Handlungen gegen § 3 Abs. 1 bis 4, § 4 Abs. 1 sowie gegen § 5 Abs. 1 bis 3 gelten als Handlungen im Sinne des § 1 des Bundesgesetzes gegen den unlauteren Wettbewerb, BGBl. Nr. 4481 1984, in der jeweils geltenden Fassung.

§ 8 Zeitlicher Geltungsbereich

(1) Dieses Bundesgesetz tritt mit 30. Juni 2000 in Kraft.

(2) Dieses Bundesgesetz tritt mit Ablauf des 30. Juni 2005 außer Kraft.

§ 9 Vollziehung

Mit der Vollziehung dieses Bundesgesetzes ist hinsichtlich des § 7 der Bundesminister für Justiz, hinsichtlich der übrigen Bestimmungen der Bundeskanzler betraut.

§ 10 Übergangsbestimmungen

Für Waren im Sinne des § 1, die vor dem Zeitpunkt des Inkrafttretens dieses Bundesgesetzes mit einem festen Ladenpreis, der im Verzeichnis lieferbarer Bücher, Ausgabe vom 20. Juni 2000, veröffentlicht war, in Verkehr gebracht wurden, gilt dieser Preis als vom Verleger oder Importeur festgesetzter Preis im Sinne dieses Bundesgesetzes.

II. Sammelrevers 2000 für den Verkauf preisgebundener Verlagserzeugnisse in der Schweiz

A. Allgemeine Bedingungen

1. Ich werde die Endabnehmerpreise (**„Ladenpreise"** = Barzahlungspreise) allen Endabnehmerkunden in der Schweiz in sFR. berechnen. Sie werden von den einzelnen Verlagen durch ihre jeweils gültigen (gegenwärtigen und künftigen) Preislisten oder Preismitteilungen für ihre Verlagserzeugnisse festgesetzt.

Ich werde die Preisbindung auch nicht **indirekt** verletzen, etwa durch Zugaben, Freiexemplare, Boni und Nachlässe für angeblich antiquarische Exemplare; auch nicht durch sonstige Umgehungsformen, wie z.B. Umsatzprämien oder Gewinnbeteiligungen, soweit diese von den von mir mit dem Kunden getätigten Umsätzen für preisgebundene Verlagserzeugnisse abhängen. Dies gilt auch im Rahmen gesellschaftsrechtlicher Vertragsverhältnisse, wenn deren Zweck darauf gerichtet ist, Endabnehmern preisgebundene Verlagserzeugnisse im Ergebnis billiger zukommen zu lassen. Auch werde ich Abzüge seitens der Käufer nicht dulden.

Ich werde die Preise auch nicht **überschreiten**, darf aber außergewöhnliche Auslagen, z.B. bei Eilbestellungen oder Versand an den Kunden, berechnen.

Dieser Revers gilt nicht für Musiknoten.

2. Sofern der Verlag **„Sonderpreise"** festsetzt, bin ich auch an diese gebunden. Ihre Auftraggeber werden insbesondere die folgenden herkömmlichen Begriffe verwenden:

a) **Serienpreise** für den geschlossenen Verkauf einer Reihe zusammengehöriger Werke ein- und desselben Verlages. Sie gelten nicht für einzelne Werke der Reihe.

b) **Mengenpreise** (Staffelpreise = Stückrabatte) für den Verkauf einer größeren Anzahl desselben Werkes an denselben Endabnehmer. Hat der Verlag Mengenpreise nicht durch Preislisten festgesetzt, können die folgenden Staffeln angewandt werden: Ab 10 Exemplare mit einer Preisermäßigung von 5%, ab 20 Exemplare 10%, ab 50 Exemplare 12,5% und ab 100 Exemplare 15% vom Ladenpreis. Der Verlag kann in Einzelfällen

Mengenpreise festsetzen, wenn die Gleichbehandlung der Wiederverkäufer sichergestellt ist. Dies gilt auch für Sonder- und Teilauflagen.

c) **Subskriptionspreise** bis zum vollständigen Erscheinen; bei einbändigen und bei mehrbändigen Werken, die gleichzeitig erscheinen, ausnahmsweise bis drei Monate danach, dann allerdings nur mit einer Preisermäßigung von höchstens 20%. Der Subskriptionszeitraum ist anzugeben.

d) **Ermäßigte Preise für Zeitschriften**, die zur Ausbildung oder zur Ausübung der beruflichen oder gewerblichen Tätigkeit benötigt werden, und zwar, wenn der Bezieher sich in der Ausbildung befindet oder noch kein volles Gehalt bezieht oder Mitglied eines Fachvereins ist. Der Nachlass und der Kreis der Berechtigten werden in der Zeitschrift bekannt gegeben.

e) Vorzugspreise für ausdrücklich so bezeichnete **„Sonderveröffentlichungen"** einer Zeitschrift (Sonderhefte, Ergänzungshefte) für deren Abonnenten.

f) **Sonderpreise für Körperschaften** (Behörden, Organisationen oder Unternehmungen anderer Art), die bei der Herausgabe einzelner bestimmter Verlagswerke vertraglich in einer für das Zustandekommen des Werkes ausschlaggebenden Weise mitgewirkt haben.

g) **Teilzahlungspreise und -zuschläge.**

3. Ebenfalls gebunden bin ich an **Schulbuch-Nachlässe**, die die Verlage festgesetzt haben für Sammelbestellungen von öffentlichen oder solchen Auftraggebern, deren Ausgaben überwiegend von der öffentlichen Hand getragen werden, sofern die Bestellung im Rahmen gesetzlicher Lernmittelfreiheit und zur unmittelbaren Verwendung im Unterricht erfolgt.

Haben die Verlage auf die Festsetzung von Nachlässen in den Preislisten oder Preismitteilungen verzichtet, können die Nachlässe gemäß Ziffer 2 b gewährt werden.

Zur Erläuterung:
Falls die Verlage darauf verzichten, besondere Lieferbedingungen für Schulbücher festzulegen, sollen die Buchhandlungen entsprechend der generellen Mengenpreisregel in der Schweiz die Möglichkeit, nicht aber die Pflicht haben, Mengenpreise/Staffelpreise in der bisherigen Abstufung mit Preisermäßigungen je nach Stückzahl zwischen 5 und 15 Prozent zu gewähren.

Die bisherigen Regelungen mit den Kantonen und ihren Lehrmittelverlagen bleiben hiervon unberührt.

4. Von der Preisbindung ausgenommen ist die Lieferung zum Eigenbedarf an:

a) selbstständige herstellende und verbreitende Buchhändler,
b) Angestellte und feste Mitarbeiter von buchhändlerischen Betrieben,
c) Angestellte von buchhändlerischen Abteilungen gemischter Betriebe,
d) Buchautoren (nur von Werken ihres Verlages),
e) Lehrer, und zwar nur von Prüfungsstücken von Büchern, die im Schulunterricht Verwendung finden sollen,

zu a), sofern sie reversgebunden sind, zu b) bis d), sofern der Abnehmer schriftlich oder durch Betriebsordnung verpflichtet wird, diese Verlagserzeugnisse nicht (auch nicht gefälligkeitshalber) weiter zu veräußern; zu e), sofern Verlage nicht für ihre Produktion von dieser Ausnahme ganz absehen und auch nicht Höchstnachlässe festsetzen.

5. Die Verpflichtungen dieses Vertrages gelten auch dann, wenn ich die preisgebundenen Werke von dritter Seite, z. B. vom **Zwischenbuchhandel** oder von einem anderen Händler, beziehe.

Sofern ich meinerseits, z. B. als Zwischenbuchhändler, preisgebundene Verlagserzeugnisse an Wiederverkäufer weiter veräußere, bin ich verpflichtet, zuvor zu prüfen, ob der betreffende Händler bereits gebunden ist. Ist er nicht gebunden, muss ich ihn meinerseits entsprechend diesem Vertrag durch den Revers binden.

Ebenso habe ich Wiederverkäufer, die ich außerhalb der Schweiz beliefere, zur Verhinderung der Umgehung einer lückenlosen Preisbindung schriftlich für den Fall zu binden, dass sie in die Schweiz reimportieren (ich habe sie außerdem zu verpflichten, beim Weiterverkauf an Händler diese ebenfalls zu binden).

Bei Gewährung von **Vermittlungsprovisionen** werde ich sicherstellen, dass diese nicht, auch nicht teilweise, an Endabnehmer weitergegeben werden. Nichtgewerbsmäßige Vermittler dürfen keine Vermittlungsprovision erhalten.

Bei einer Veräußerung meines Betriebes werde ich den Geschäftsnachfolger schriftlich verpflichten, die von mir übernommenen Verpflichtungen aus diesem Revers ebenfalls einzuhalten.

6. Ich verpflichte mich zur Zahlung einer **Konventionalstrafe** für jeden Fall des vorsätzlichen oder fahrlässigen Anbietens oder Gewährens unzulässiger Nachlässe. Sie hat der Höhe des Rechnungsbetrages des angestrebten oder vollzogenen Geschäfts zu entsprechen. Sie beträgt mindestens bei Preisbindungsverstößen sFR. 3 000,– für den ersten Verstoß, sFR. 5 000,– für jede Wiederholung und sFR. 10 000,– für unzulässige Nachlassangebote an eine Mehrzahl von Abnehmern. Gleiches gilt bei Überschreitung des Ladenpreises. Der Betrag ist (sofern die Verlage nicht ausnahmsweise Zahlung an sich selbst wünschen) bei Preisbindungsverletzungen an den Schweizerischen Buchhändler und Verleger-Verband zu zahlen.

Der Verlag ist berechtigt, neben oder anstelle der Geltendmachung der Vertragsstrafe seine sonstigen Rechte geltend zu machen, insbesondere **Lieferungen** – auch aus laufenden Bestellungen – **einzustellen**; dies auch dann, wenn ich meine Verpflichtungen gem. 7. verletze.

Der **Verlag** verpflichtet sich mir gegenüber zur Zahlung einer Konventionalstrafe für den Fall, dass er seine gebundenen Preise (einschließlich der Sonderpreise) selbst unterbietet oder die Unterbietung durch Dritte veranlasst. Absatz 1 gilt entsprechend. Die Konventionalstrafe kann für alle Betroffenen als Gesamtgläubiger nur einmal und nur von dem in A 11 genannten Bevollmächtigten zur Zahlung an den SBVV geltend gemacht werden.

7. Ich verpflichte mich, einem von Ihnen zu bestimmenden vereidigten Buchprüfer **Einblick in meine Bücher** einschließlich Geschäftsunterlagen zu geben, wenn die begründete Vermutung besteht, dass ich gegen die Preisbindung verstoße. Als Zwischenbuchhändler bin ich auch ohne Anlass bereit, einem Buchprüfer offenzulegen, dass ich nur reversgebundene Firmen mit Händlerrabatt beliefere. Der Buchprüfer hat sich mir in diesem Fall bei Beginn der Prüfung zu verpflichten, über alle ihm durch die Prüfung bekannt werdenden Vorgänge, die nicht Preisbindungsverstöße betreffen, Stillschweigen zu bewahren.

Ich trage die **Kosten** einer Bucheinsicht, wenn die Zweifel an meiner Preisbindungstreue von mir verschuldet oder schuldhaft nicht ausgeräumt worden sind oder wenn Verstöße festgestellt werden.

Habe ich die Prüfung von Preisbindungsverstößen (etwa durch nicht ordnungsgemäße Buchführung) ganz oder teilweise

vereitelt, verpflichte ich mich über die Verpflichtung gemäß A 6 Abs. 1 hinaus zur Zahlung einer Vertragsstrafe in Höhe von sFR. 10 000,–.

8. Der **Verlag verpflichtet sich** mir gegenüber zur lückenlosen Preisbindung, zur Gleichbehandlung seiner Abnehmer in Preisbindungsfragen und zu der Bekanntgabe seiner Ladenpreise und Sonderpreise in einer Form, die die Gleichbehandlung aller Abnehmer sicherstellt. Der Verlag verpflichtet sich, die Preise bei Direktverkäufen selbst einzuhalten, eine etwaige Aufhebung der Preisbindung für alle oder einzelne Werke des Verlages bekannt zu geben und die Preisbindung zu überwachen.

9. Dieser Preisbindungsvertrag tritt mit Unterzeichnung in Kraft. Der Vertrag wird auf unbestimmte Zeit abgeschlossen. Er kann von beiden Seiten mit einer Frist von vier Wochen jeweils zum Monatsende durch eingeschriebenen Brief, der an den Preisbindungstreuhänder zu richten ist, gekündigt werden. Für die bei Wirksamwerden der Kündigung bereits gelieferten Bücher bleibt er bestehen.

Sollte wider Erwarten ein Punkt dieser Vereinbarung rechtlich unwirksam sein, bleibt die Vereinbarung im Übrigen wirksam.

Sofern die Preisbindung für einzelne Verlagserzeugnisse unwirksam wird, bleibt sie im Übrigen unberührt.

10.1. Alle sich aus dem oder im Zusammenhang mit diesem Preisbindungsvertrag ergebenden Streitigkeiten werden durch ein Dreierschiedsgericht mit Sitz in Bern entschieden. Das Schiedsgericht setzt sich zusammen aus einem Obmann und zwei vom Obmann bestimmten Fachrichtern.

10.2. Für die Bezeichnung eines Buchprüfers gemäß A 7 ist der Obmann allein zuständig.

10.3. Der Obmann und zwei Ersatzobmänner werden gemeinsam vom Preisbindungstreuhänder der Verlage und der Preisbindungsbeauftragten der Sortimenter für eine Amtsdauer von jeweils fünf Jahren bestimmt. Können sie sich nicht einigen, werden sie vom Präsidenten des Handelsgerichts des Kantons Bern ernannt.

10.4. Verlage und Buchhändler erstellen eine Liste von Fachrichtern, die vom Preisbindungstreuhänder der Verlage und der

Preisbindungsbeauftragten der Sortimenter beim Obmann hinterlegt und bei Bedarf erneuert wird.

10.5. Der Entscheid, ob ein Schiedsverfahren eingeleitet wird, obliegt dem Preisbindungstreuhänder bzw. der Preisbindungsbeauftragten nach pflichtgemessenem Ermessen. Es wird eingeleitet durch einen entsprechenden Antrag an den Obmann des Schiedsgerichts. Die klagende Partei wird vor dem Schiedsgericht jeweils durch ihren Preisbindungstreuhänder bzw. durch ihre Preisbindungsbeauftragte vertreten, wozu es einer schriftlichen Vollmacht bedarf. Im Übrigen bestimmt sich ein Verfahren nach dem Schweizerischen Konkordat vom 27. März 1969 über die Schiedsgerichtsbarkeit und der Bernischen Zivilprozessordnung.

Zur Erläuterung:
Statt der nach derzeitiger Fassung bei Streitigkeiten aus dem Revers anzurufenden ordentlichen Gerichte soll zukünftig ein Schiedsgericht entscheiden.

11. Weitere, insbesondere **neue Verlage** werden die Endabnehmerpreise ebenfalls binden wollen. Die Einholung neuer Reverse (von ihren Kunden und denen des Zwischenbuchhandels) für sie allein würde einen untragbaren Kostenaufwand verursachen. Um zu ermöglichen, dass sie dem Sammelrevers **beitreten**, erteile ich Frau Dr. Béatrice Pfister, Münzgraben 6, Postfach 508, 3000 Bern 7, **Vollmacht**, für mich dabei zu unterzeichnen. Außerdem bevollmächtigte ich sie, in meinem Namen mitzuwirken, wenn Sie in Vollmacht der bindenden Verlage den Sammelrevers veränderten tatsächlich und rechtlichen Verhältnissen anpassen müssen. Frau Dr. Béatrice Pfister kann die Vollmacht, insbesondere auch für den Fall ihres Ablebens, weiter erteilen.

Erklärungen der Bevollmächtigten in meinem Namen – gleich welcher Art – werden erst wirksam, wenn sie die Bevollmächtigte in zwei aufeinanderfolgenden Nummern des Verbandsorgans „Der Schweizer Buchhandel" an auffälliger Stelle bekanntgemacht hat und ich die Vollmacht nicht inzwischen allgemein oder aber für den Einzelfall binnen Monatsfrist nach der zweiten Bekanntmachung schriftlich widerrufen habe.

Neu hinzukommende Verlage müssen in ihren Preislisten, Preismitteilungen und Geschäftsbedingungen deutlich auf den Beitritt zum Sammelrevers und auf Sonderbedingungen hinweisen.

B. Erlaubte Nachlässe und Sonderbedingungen

1. Für die folgenden Geschäfte werden die nachstehenden herkömmlichen Nachlässe gestattet, wobei es dem Verlag freisteht, andere Nachlässe zu gestatten:

Ein Bibliothekennachlass von 5% kann gewährt werden auf Bezüge von **Bibliotheken** öffentlich-rechtlicher und privater Träger, sofern sie öffentlich zugänglich sind. Die Bezüge müssen für die Bibliothek selbst bestimmt sein. Auf Zeitschriften und Lose-Blatt-Werke dürfen keine Nachlässe gewährt werden.

Barzahlungsnachlässe dürfen nicht gewährt werden.

2. Abweichungen bei einzelnen Verlagen gegenüber den vorstehenden Prozentsätzen sind in der Gesamtliste der beteiligten Verlage vermerkt.

Die in der Spalte **„Sonderbedingungen"** der Verlegerliste verwendeten Stichwörter in Anführungszeichen haben folgende Bedeutung:

„Bi" usw.: Bibliothekennachlass für Bibliotheken nur bei einem Mindestvermehrungsetat von sFR. 50 000,– und mehr,

„kein Bi-Nachlass": Bibliotheken darf ein Nachlass nicht gewährt werden,

„H": 20% auf Bezüge der Hörer eines Dozenten auf dessen Bücher zum Eigenbedarf gegen Vorlage eines von ihm unterschriebenen Hörerscheins, der vom Verlag in gedruckter Form mit Eindruck des Verlages (nicht notwendigerweise auch des Verfassers und des Titels) dem Dozenten zur Verfügung gestellt wird. Der Dozent muss in den Hörerschein den Namen des bezugsberechtigten Hörers eintragen oder eintragen lassen,

„nur Bücher geb.": preisgebunden sind Bücher (auch broschierte), nicht sog. Kleinschrifttum, Kunstkarten, Kalender und dgl.,

„Lose-Bl.-W. auch %": Nachlässe gelten auch für Lose-Blatt-Werke, nicht aber für Ergänzungslieferungen,

„Zeitschr. auch %": Nachlässe gelten auch für Zeitschriften, „B 3%": Barzahlungsnachlass bis 3% erlaubt,

„kK": keine Konventionalstrafe. Die so bezeichneten Verlage haben sich zur Zahlung einer Vertragsstrafe gemäß A 6 des Sammelreverses nicht verpflichtet.

Stichwortverzeichnis

Es bezeichnen **fette Zahlen** ohne Gesetzesangabe die Paragraphen des BuchPrG, **magere Zahlen** die Randnummern der Erläuterungen.